descubre tu luz

descubre tu luz

Nicole Domit

Abraza y alinea lo que eres
para crear la vida que quieres

AGUILAR

Penguin Random House Grupo Editorial

Descubre tu luz

Abrazando y alineando todo lo que eres para crear la vida que quieres

Primera edición: mayo, 2024

D. R. © 2018, Nicole Domit

D. R. © 2024, derechos de edición mundiales en lengua castellana:
Penguin Random House Grupo Editorial, S. A. de C. V.
Blvd. Miguel de Cervantes Saavedra núm. 301, 1er piso,
colonia Granada, alcaldía Miguel Hidalgo, C. P. 11520,
Ciudad de México

penguinlibros.com

ISBN: 978-607-316-577-8

Impreso en México – *Printed in Mexico*

Dedico este libro con todo mi amor a:

Mis papás que siempre me han dejado
ser yo con su contención, guía y amor.

Mis hermanos que me acompañan a descubrir el mundo.

Mis amigas que les dan cuerda a mis locuras,
descifran el mundo conmigo y lo hacen más divertido.

Mi esposo que es mi máximo cómplice en todo, por amarme
y aceptarme completita, por siempre impulsarme a ir por mis
sueños y por construir juntos nuestro propio camino.

Mis hijos que son mi más grande bendición, por elegirme,
por ser mi máxima inspiración y mejores maestros, por llenar
de magia y alegría mis días y mi corazón.

Mi familia entera que es mi ejemplo, mi tribu, por sostenerme.

Cada experiencia que me ha enseñado tanto.

Cada vez que he dudado de mí pero he seguido adelante.

Mi curiosidad y capacidad de maravillarme por siempre llevarme a
cuestionar y buscar magia, herramientas y diversión
en mi camino y a buscar formas de compartirlo con el mundo.

ÍNDICE

PARTE 2.

Abrazando todo lo que eres

A lo largo de este libro vas a encontrar diferentes herramientas que puedes descargar o escuchar en esta página.

Solo escanea este código y busca en la página el nombre del capítulo y de la herramienta.

Introducción

¡No puedo creer que por fin tengas este libro en tus manos! Me emociona muchísimo saber que, a pesar de que hace más de seis años me pidieron escribirlo y estaba frustrada porque no salía y no salía, hoy es una realidad y sé que es porque todo lo que hay en este libro tenía que estar aquí y yo, en ese entonces, aún no lo descubría.

Este libro es magia pura y te prometo que, si lo escoges, tiene el potencial para transformar tu vida de una manera que tu mente ni siquiera se puede imaginar. Así que, ¿qué pasaría si te abres a recibir y a hacer el experimento con todo lo que vas a encontrar en este libro y todo lo que puede transformar en ti?

Estoy completamente convencida de que nada "te pasa" y de que absolutamente nada en la vida es casualidad. De alguna manera vas escogiendo y creando todo, consciente o inconscientemente; así que, si este libro llegó a tus manos, es porque estás más que listo para recibir las herramientas que pueden transformar tu realidad. Tengo la seguridad de que has estado llamándolo de alguna forma y que tu energía y tu poder lo trajeron hasta a ti.

La magia que incluye este libro es fuera de esta realidad. Y te lo digo así, segura y confiada, porque han sido las mismas herramientas que yo he usado para crear la mía.

Si hace un año me hubieras dicho que hoy iba a estar donde estoy, no lo hubiera creído, porque no tendría ninguna lógica, pero en los últimos meses mi vida se ha transformado por completo, mucho más fácil y rápido de lo que me pude haber imaginado. Y aquí te voy a compartir todo lo que he hecho y usado para que puedas hacer el experimento y, si quieres, puedas también crear la vida de tus sueños.

Mi intención es que esta sea una invitación para que sepas que puedes hacer lo que quieras, porque si ves mi ejemplo quiere decir que tú también puedes hacerlo.

Para mí este libro es como un manual de instrucciones que me hubiera encantado seguir hace mucho, mucho tiempo, pero sé que todo llega en el momento correcto, con la facilidad con la que lo escojamos; así que me emociona muchísimo ver lo que vas a crear para ti y saber que a través de este libro estamos conectados como en un túnel del tiempo o un portal mágico, en el momento "perfecto" para ti también; porque no importa cuándo llegue este libro a ti, ni cuándo lo escribí, el momento en el que lo estás recibiendo es perfecto. El Universo siempre tiene formas misteriosas pero grandiosas de sorprendernos con este tipo de cosas, con sus sincronías, alineaciones y sorpresas perfectas, para darnos gusto en lo que vamos escogiendo para nuestra vida.

¿Qué tendría que suceder para que hoy reconozcas que eres un ser ilimitado y que absolutamente todo lo que quieras, e incluso más de lo que puedas imaginar, lo puedes tener porque el Universo solo busca consentirte dándote lo que eliges?

Introducción

Todo lo que hay aquí te va a llevar paso a paso para poder ir creando esa realidad. Pero el único que puede escoger que eso vaya sucediendo eres tú. Yo puedo compartirte toda la magia y el paso a paso, pero si tú escoges no experimentar todo esto, entonces no podrás transformar tu realidad de la misma manera. ¿Y si este libro es la señal que has estado esperando para lanzarte a crear algo diferente?

Hoy estamos aquí por algo y para algo, no es coincidencia.

¿Qué tendría que pasar para que dejes de vivir en la limitación y creas en todo el potencial que tienes para transformar no solo tu vida, sino la del planeta entero?

Porque estoy segura de que uno a uno, modificando nuestras realidades y viviendo desde lo que nos expande y nos hace felices, podríamos transformar al mundo entero. Y justo quiero que este libro sea una invitación para ti para lograr eso que estás buscando y más.

He descubierto que la única constante en la vida es el cambio. Y es chistoso porque creo que es una de las cosas a las que a veces más nos resistimos por aferrarnos a lo conocido, aunque no siempre sea lo más expansivo para nosotros. A lo largo de nuestra vida también aprendemos que entre más complicada es la realidad, más nos amoldamos a nuestro entorno y a los demás. Pero qué flojera vivir así, ¿no? Sobre todo cuando existe otra posibilidad, que es crear la vida que quieres con total facilidad.

Cuando digo "con total facilidad" no me refiero a que todo es regalado en el camino, quizá ese es un equívoco. No quiere decir que tan solo por pensarlo lo tendré —aunque varias veces así es—, sino que no tenemos que complicarnos la existencia para que llegue a nosotros o para poder elegirlo. Lo que sucede es que podemos elegir constantemente lo que queremos para que llegue a nosotros de la manera más rápida y fácil posible. La abundancia de este tipo por lo general trae mucha incomodidad. Cuando estás tratando de transformar tu realidad necesitas que haya un poco de caos en tu vida para que las estructuras se muevan, y muchas veces es justo este el que produce incertidumbre e incomodidad. Esto es parte del proceso, del camino. Para que algo nuevo pueda aparecer en tu realidad debes soltar el control, desaferrarte de lo conocido para hacer espacio y poder aventurarte. Aquí es donde tú puedes escoger que sea dramático y difícil si no sueltas el presente, o puedes elegir que sea de una forma rápida, fácil y divertida en la que puedas ir disfrutando el camino pese a que aquello represente un poco de incomodidad.

En este libro cada una de las herramientas tiene una magia propia y especial. Puede ser que ya conozcas algunas y quizá haya otras que te sorprendan, pero lo que más me importa es que no lo creas simplemente porque yo lo digo, sino que las experimentes como un niño que se acerca a todo con curiosidad y se permite maravillarse. Justo eso es lo que me encantaría que creáramos juntos a través de este libro, esa capacidad máxima para recibir y disfrutar todo.

¿Qué pasaría si nuestro propósito de vida es simplemente disfrutarla al máximo creando nuestra propia realidad con lo que nos expande?

Creo que al llegar a este mundo estamos realmente conectados con el ser infinito e ilimitado que somos de verdad, pero a lo largo de la vida vamos creciendo y llenándonos de puntos de vista pertenecientes a esta realidad, que hacen que se nos olvide nuestro potencial y empecemos a encajar en este mundo que está repleto de limitantes; es entonces cuando dejamos de seguir creando nuestra vida con total curiosidad y sorpresa. ¿Y si te dejas sorprender por la vida y el Universo? ¿Qué pasaría si jugaras con estas herramientas mágicas y les dieras la oportunidad de transformar tu realidad? Total, lo peor que puede pasar es que no cambie nada, que te quedes como estás. Eso no está tan mal, ¿no?

El Universo siempre te está diciendo que sí a lo que sea que quieras. El punto es estar consciente de lo que estás eligiendo en este momento para enfocar todo tu poder creador en lo que realmente quieres tener. Todo empieza creando una relación tan profunda contigo que desde ahí se dé todo lo demás. Elijo acompañarte a través de este libro para que puedas reconocerte, abrazarte completito y saber el regalo tan increíble que eres para el mundo; que puedas también reconocer lo que te expande para enfocarte en eso y así disfrutes este camino al máximo.

¿Qué sería distinto en tu vida y en el mundo si pudieras cambiar o crear cualquier cosa? ¡Porque puedes! El chiste está en que te la creas. Lograr abrazarte al máximo para tener congruencia y coherencia en todo lo que eres hace que puedas amarte y no juzgarte para vivir y disfrutar al máximo. Claro que toma práctica, yo sigo aprendiendo y practicando todos los días, pero cada vez es más fácil reconocer que puedo volver a escoger y regresarme a cómo sí quiero vivir.

Elijo que en este libro encuentres mis historias y las herramientas que me han funcionado en mi camino, y te invito a que te abras a que te mueva desde lo más profundo, para que sepas que así, tal cual eres, todo el paquetito completo, eres perfectamente imperfecto, eres único y especial y un regalo increíble para este mundo. No hay nada ni nadie parecido a ti, ni en este momento ni en ningún otro momento de la historia, no te vas a repetir.

Entonces, si ya escogiste estar aquí hoy, *¿por qué no aprove-charlo al máximo y crear algo mucho más grandioso de lo que puedes imaginar?* Espero que alguien ya te lo haya dicho o que tú ya lo hayas descubierto, pero estoy convencida de que cada uno de nosotros es así, y en el momento en el que nos lo creemos todo cambia, se expande y nuestras posibilidades se vuelven infinitas.

Tus puntos de vista crean tu realidad

Tus puntos de vista son los que crean tu realidad y no al revés.

Mientras más conciencia tengas de los puntos de vista que tienes respecto a distintas situaciones, podrás transformarlos con más facilidad. A veces vivimos convencidos de que es muy difícil cambiar estas creencias limitantes que se perciben como algo muy sólido, pero si solo las vemos como puntos de vista, empezamos a darnos cuenta de que así como cambiamos de opinión muchísimas veces en un día, también podemos cambiar de punto de vista. Viéndolo así la cosa se aligera, ¿no? Algo tan fácil como cambiar las palabras que usamos, modifica hasta cómo nos sentimos en nuestro cuerpo, y así también llega la facilidad para transformar nuestra realidad.

Entonces, es muy importante alinear tus creencias o tus puntos de vista con lo que estás buscando para que puedas crear lo que sí quieres.

Acuérdate de que todo el tiempo estamos creando. Estar presentes con esos puntos de vista, con esas frecuencias, te ayuda a que lo que materializas sea mucho más amigable.

Tú no eres una víctima de tu realidad, sino el creador de ella. Y entonces, cuando vivimos cosas que no nos gustan, al saber que tú eres el creador o el cocreador de esta realidad con el Universo puedes modificarla. Si vibras el suficiente tiempo en la frecuencia de lo que quieres, eso es lo que empezarás a ver reflejado en tu vida. Estar presente te ayuda a materializar todo mucho más rápido.

Parte 1.

Vivir con conciencia

Desde mi punto de vista, vivir con conciencia es el regalo más grande que puedes darte, porque no puedes transformar o crear nada que no puedas ver. Es vivir conectado con tu esencia, esa que es infinita e ilimitada y mucho más grande que el cuerpo, la mente y las emociones. Es vivir presentes, reconocer que tenemos el poder de elegir y crear la vida que queremos a través de la elección continua de lo que más nos expande para atraerlo a nuestra realidad. Es hacernos responsables de todo lo que somos para, desde ahí, ir actualizando y disfrutando de crear nuestros sueños con mucha más facilidad.

Siento que, de unos años para acá, se ha puesto muy de moda este concepto, pero a veces puede sonar un poco disperso o "elevado" y te deja sin saber por dónde empezar. Por ello aquí te voy a ir contando lo que me ha servido, por si puede contribuirte de alguna forma.

La conciencia es el espacio y la energía que vienen de nuestra esencia. Lo incluye todo, en ella no hay juicios y es en la que absolutamente todo cabe. Estar consciente no significa meterse a una cueva a meditar y vivir todo el tiempo en ese estado, sino estar presente contigo mismo y, desde esa presencia, hacer pequeñas pausas cada día para preguntarte si con cada acción estás creando lo que quieres o si preferirías cambiar de canal para escoger algo mucho más expansivo para ti y los de tu alrededor. Estar conscientes es el punto en el que todo empieza, en el que "despertamos" de alguna manera para no seguir viviendo en automático, donde se frena el vivir como "anestesiados" siguiendo el camino ya trazado "para todos".

Vivir en la pregunta

Seguro ya te diste cuenta de que te estoy haciendo muchas preguntas en el camino. Esto es porque vivir transformando las conclusiones en preguntas ha creado muchísimo espacio para posibilidades en mi vida. Es una de las herramientas principales de Access Consciousness que han transformado mi vida.

Hace unos años me hicieron unos análisis para checarme una hormona y saber si podía embarazarme fácilmente o si necesitaríamos ayuda de doctores especializados como en mi primer embarazo (más adelante te cuento un poco más de esto). Desde hace un tiempo trabajo con ángeles y recibo guía y señales de ellos, entonces, cuando me llegaron mis resultados y estaba a punto de abrirlos, ellos me dijeron: "No te asustes, esto es solo para que estén seguros de si van a querer tener otro bebé o ya no. Los resultados no te harán muy feliz, pero no es para preocuparte. Todo está bien y todo es posible de acuerdo con lo que ustedes quieran". Cuando los abrí, mi hormona estaba muy bajita y eso hacía muy probable que se repitiera el escenario de mi primer embarazo. Aunque había recibido mi guía, soy humana y entré un poquito en pánico. En ese momento vivíamos en el bosque y bajé a la naturaleza a meditar. En esta meditación hice preguntas, me di cuenta de que en realidad sí quería otro bebé y sabía que mi esposo también, pero lo que no queríamos era hacer un tratamiento. Del mismo modo conecté con un almita que me dijo que quería venir y quedamos en que sería de forma fácil para toda la familia. Me quedé mucho más tranquila, pero empecé a pensar: *¿Qué requiero ser y hacer para que esto suceda de la manera en la que queremos?* Me llegaron ideas de hablar con unos doctores y una *coach* que nos habían ayudado antes y empecé a cambiar mi alimentación, pero sin mucha intensidad, siguiendo un plan y, sobre todo, preguntándole a mi cuerpo qué se le antojaba comer en cada comida para que estuviera sano y perfecto para recibir a este bebé. También empecé a ser muy consciente de los puntos de vista que podían interferir en embarazarme y a usar varias herramientas para modificarlos, y así alinear todo lo que se iba moviendo a través de la formulación de preguntas y la toma de acciones que me ayudaran a que sucediera como queríamos. Estos análisis fueron en junio, y en noviembre ya estaba embarazada.

Cuestionarte te permite quitarles la rigidez a distintas situaciones y a que se cree el espacio en tu energía para que permitas que la información llegue a ti y con ella puedas crear lo que quieres con facilidad.

¿Por dónde empiezo?

Algo que lo ha simplificado mucho para mí es empezar por tener la intención de vivir conscientemente, porque cuando la enfoco en algo, esto se transforma y los recursos comienzan a llegar.

La amabilidad con uno mismo es indispensable en este proceso. Ese pequeño gesto permite abandonar las expectativas impuestas y hace espacio para la expansión.

Si cada uno de nosotros es único y especial igual que este momento, lo "normal", desde mi punto de vista, sería que cada camino pudiera verse diferente, ¿no? Entonces hay que soltar la necesidad de "encajar" en esta realidad, para tener la libertad de reflejar lo que quieres.

Este proceso puede incomodarte, pero te prometo que va a traer un futuro muchísimo más pleno y feliz, en el que sabes que estás aquí para algo y, sobre todo, en el que puedes disfrutar el camino.

"Destruyo y descreo todo lo que impida que esto pase con total facilidad".

¿Y si frenas tantito?

Algo que me ha servido muchísimo (sobre todo cuando estoy creando o retomando el hábito de estar presente) es poner alarmas a distintas horas del día que me recuerden ponerme atención. Cuando suena, me tomo unos minutos para preguntarme cómo estoy viviendo, desde qué punto estoy creando, si estoy en un lugar que me expanda, me haga feliz y me acerque a la vida que quiero, o si me encuentro en un espacio en el que ya no quiero estar. Para mí es importante reconocer si estoy creando o si estoy sobreviviendo o tratando de completar algo por deber, porque son formas de vivir completamente diferentes y traen resultados casi opuestos.

Como te decía antes, es muy importante que en este proceso de empezar a estar presente contigo te abraces muchísimo, que tengas mucha compasión y que trates de no juzgarte. Juzgarnos es algo que aprendemos, casi todos, desde muy chicos, pero para transformar tu realidad, hay que hacer cambios desde adentro. Es un proceso que toma tiempo y que puede sentirse incómodo porque te saca de lo conocido y de tu zona de confort; mantente presente eligiendo mucho más para ti, te prometo que te traerá cosas increíbles.

Repito esto porque cuando empiezas a observarte, una posibilidad muy común es que quieras cambiar todo en tu vida de jalón. Sin embargo, si te arrancas a juzgar cada pensamiento, punto de vista, palabra, acción, etc., puede resultar abrumador. Lo importante es no criticarte, sino observar para ver con claridad en dónde te podrías estar metiendo el pie solito para poder transformarlo. No se puede transformar lo que no se ve, así que si lo estás descubriendo es porque estás listo para cambiarlo. Aprende a observarte con compasión para que todo se mueva con mayor facilidad.

¿Qué se requeriría para que lo veas como una oportunidad y agradezcas todos estos "veintes" como parte de tu camino?
Fuera de tu zona de confort es donde está la magia.

A la mente le gusta mantenerse en un espacio que pueda controlar. Por eso en el momento en el que empiezas a cambiarle toda su realidad, se siente muy incómoda y trata de regresarte a lo que conoce, porque cree que así puede mantenerte seguro.

La mente no puede crear algo que no conoce y como su trabajo principal es protegerte, intentará regresarte a lo conocido, por eso es importante que abraces la incomodidad en medio del cambio.

Ten paciencia y la certeza de que esto es supernormal y, lejos de lo que crees, es señal de que vas por buen camino. Mantente presente, eligiendo con conciencia y sin juzgar, para que desde ahí puedas avanzar. Un pasito a la vez.

Sé que tú puedes, porque yo he estado ahí. Solo necesitas mucha constancia, elección diaria, abrazar a la incomodidad, al cambio constante y al caos como parte de la nueva realidad. El caos se requiere para que se pueda mover toda la rigidez que le da estructura a tu realidad actual y algo nuevo tenga espacio.

Mantente muy presente con tu capacidad para recibir también. Si de repente estás leyendo y te das cuenta de que ya no está entrando la información, detente y regresa después porque tu apertura para recibir y aprender hará toda la diferencia en el uso de estas herramientas.

Tal vez te gustaría tener presentes estas preguntas:

- Si pudiera crear lo que sea, ¿qué crearía?
- ¿Cuál sería mi motivo para transformar toda mi realidad?
- ¿Cómo me quiero sentir en esta nueva realidad?

Es un buen momento para poner una intención de qué es lo que quieres crear en esta nueva etapa de tu vida.

Ya te cachaste, ¿y ahora?

Ya cachaste todo lo que "no te gusta" o "no te contribuye" y dónde te gustaría estar, ahora el chiste está en tomar acción constantemente para que actualices lo que quieres mucho más fácil y rápido.

Si no pasas a la acción, todo se queda en un deseo y en algo que pasará en algún momento en el futuro. Pasar de *querer* algo a *escoger* algo hace que lo traigas a tu momento presente en lugar de ser algo que no tienes y que está en el futuro. ¿Notas la diferencia en la energía entre las palabras *quiero* y *elijo*? Una te hace sentir superpotente y te empodera, la otra tiene algo de escasez y necesidad.

Ojo, no se trata de "hacer" desde la creencia de que "si no le chingo, no merezco" o de mantenernos ocupados cada segundo, sino desde la capacidad de preguntarnos constantemente: *"¿Qué puedo elegir o agregar a mi vida hoy que contribuya a crear el futuro grandioso que elijo?, ¿qué paso puedo dar hoy?, ¿qué requiero ser o hacer para que eso que elijo se vea reflejado en mi realidad con total facilidad?".*

Si esa acción te hace sentir ligero, ahí es. Prioriza siempre sentirte expandido, no cómodo o conforme (porque la comodidad generalmente viene de lo que ya conoces), sino expandido (el cambio casi siempre incomoda pero en el fondo sabes que te da paz moverte hacia allá). Adelante, en el capítulo de la energía, te cuento más de esto.

¿Cómo lo eliges? Así tal cual, eligiendo cada 10 segundos, tan natural como cuando escoges ponerte shampoo o no cuando te estás bañando. Con cada pensamiento, palabra, decisión, acción que hagas, mantente consciente de si eso te hace sentir ligero o pesado y escoge lo que más ligero y feliz te haga, aunque no necesariamente sea lo que los demás esperan de ti.

Elige sin miedo a equivocarte, el miedo muchas veces nos distrae de crear lo que queremos. Yo no creo que te equivoques nunca, pues aunque el resultado no te guste, siempre puedes volver a escoger. El camino solo te da experiencias diferentes, algunas te acercan más a lo que quieres y otras te alejan, pero siempre tienes 10 segundos para una nueva elección.

¿Por qué 10 segundos?

Esta es otra herramienta de Access Consciousness que me parece que simplifica mucho el camino, porque muchas veces la idea de elegir algo o tomar acción puede ser paralizante si creemos que implica que de alguna manera ya no se va a poder cambiar después. Pero si recuerdas que en 10 segundos puedes volver a elegir, ganas ligereza.

Antes, cuando sentía que una decisión era muy importante o grande, me tomaba mucho tiempo elegir lo que quería por miedo a equivocarme, pero después descubrí el "solo por hoy escojo esto" y lo hizo más ligerito, luego pasé a decidir "solo por ahorita", y cuando encontré la frase "por estos 10 segundos escojo esto" todo se hizo increíblemente ligerito, el miedo y la rigidez desaparecieron porque 10 segundos son tan poco que no te puedes asustar.

En Access dicen que 10 segundos es lo que te toma transformar tu realidad por completo, suelen poner el ejemplo de: "¿Cuánto tiempo le tomó al que se ganó la lotería elegir comprar o no su boleto? 10 segundos". Son todo lo que requieres para transformar tu realidad.

¿Qué tomaría para que aproveches al máximo cada 10 segundos y elijas lo que te hace sentir pleno, feliz y expandido? ¿Y todo lo que lo impida, ¿lo podemos destruir y descrear?

Este destruir y descrear es otra herramienta de Access que habla de nuestro poder para crear. Si algo está en tu vida, de alguna manera lo creaste, pero la buena noticia es que si tú lo creaste también lo puedes destruir y descrear, considerando que lo creaste desde la energía. Puedes usar esta frase cada vez que estés eligiendo algo nuevo, te ayuda a destruir y descrear todo lo que puede haber en ti bloqueándote, como creencias inconscientes o cosas que ya concluiste que se pudieron lograr o no, porque hasta ahora así ha sido en tu vida. En el capítulo de la esencia y energía hablo más de esto, pero mientras tanto te invito a hacer el experimento.

En una clase alguna vez escuché a una de mis maestras favoritas hacer las siguientes preguntas a alguien que necesitaba dinero al día siguiente: "¿Cuántas veces puedes elegir que ese dinero llegue a ti con total facilidad de hoy a mañana?", la otra persona respondió que muy pocas y que estaba muy estresada porque el tiempo que tenía para conseguirlo era también muy poco. La maestra le contestó: "¿Cuántos periodos de 10 segundos hay entre hoy y mañana para elegir conscientemente tener ese dinero en tu realidad?". Cambia por completo cómo se siente, ¿no?

Algunas preguntas que te pueden contribuir son:

- ¿Qué va a crear más en mi vida?
- ¿Cuáles son las infinitas posibilidades que no estoy re-conociendo aquí? (esta es una pregunta útil para cuan-do tienes dudas y necesitas frenar para tomar otra elección).

¿Desde dónde estás viviendo?

Hace muchos años empecé a trabajar con los ángeles y gracias a ellos ellos descubrí que todos podemos vivir la vida viéndola a través de solo dos lentes diferentes que hacen que cambie nuestra experiencia por completo. Dependiendo de los lentes que traes puestos, tu vida adquiere un filtro. Ellos me decían que puedes elegir vivir desde el amor o desde el miedo.

Hoy creo que lo entiendo de una forma más clara y profunda. Puedes vivir desde la conciencia/expansión (que casi siempre viene del amor), eligiendo todo el tiempo aquello que te trae más, o puedes vivir desde la limitación/escasez (que casi siempre trae el miedo), desde lo que "se espera de ti", la necesidad, buscando sobrevivir o completar algo que se supone que deberías tener en tu realidad. Piénsalo bien y te vas a dar cuenta de que cuando no estás en un estado de apertura para encontrar posibilidades y disfrutar, es porque, probablemente, en el fondo (a veces muy profundo) algo te está limitando a través del miedo y eso te impide reaccionar desde tu mejor versión.

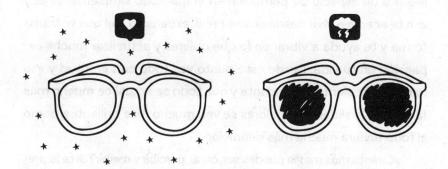

Ahí va un poquito más a fondo cómo se siente vivir desde cada uno, porque ser consciente de esto es clave para crear la realidad que quieres en tu vida.

Conciencia y expansión

¿Ubicas ese sentimiento increíble de cuando te estás enamorando? No solo ves a esa persona como un ser especial, te ves en el espejo y te ves guapísimo, sientes que brillas, sales a la calle y todo se ve más bonito, los colores son más intensos, el sol brilla más, si llueve te encanta escuchar la lluvia y hasta mojarte se siente mágico; la pasas increíble, sonríes todo el tiempo, te ríes hasta que te duele la panza, disfrutas cada momento, lo malo se te resbala o se transforma en oportunidad para algo grandioso, tu cuerpo se siente ligerito y todo el tiempo tienes como un pico de endorfinas y sientes como si flotaras en las nubes. Es como si la vida estuviera hecha para darte gusto, te sientes pleno y feliz disfrutando tu camino.

Con los lentes de la conciencia podemos vivir así todo el tiempo, ya que todo fluye mejor, evitan que te llenes de juicios porque llegas a un espacio de permisión en el que todo simplemente *es* y eso te acerca a vivir desde el amor real, expansivo, del que te transforma y te ayuda a vibrar en lo que quieres y actualizar mucha expansión en tu vida. Desde este punto ves todo con gratitud y eso hace que te sientas abundante y que todo se actualice mucho más fácil en tu realidad. Los colores se ven mucho más brillantes, como si todo tuviera mucha más definición.

¿Cuánta más magia puedes ser, crear, percibir y recibir? Si te lo preguntas constantemente, entonces encuentras magia, sincronicidades, respuestas, te sabes siempre respaldado por el Universo y en expansión constante, creas y recibes experiencias espectaculares que ni siquiera te imaginaste que podían llegar a ti. Te abrazas y reconoces la contribución enorme que eres y, por lo tanto, disfrutas muchísimo tu vida.

Así se siente vivir desde la conciencia y expansión, te sientes conectado con todo, aprovechas al máximo tu potencial y tu poder creador, eres uno con el Universo, las cosas pasan para ti y sabes que la vida conspira a tu favor y te abres a recibir.

conciencia + expansión = amor y conexión con todo

Limitación y escasez

Ahora vamos a los otros lentes. Cuando vivimos desde la limitación, es como si nada tuviera color: ves todo opaco, te sientes triste y solo, te da la impresión de que nadie te entiende y nada te sale bien, sientes que te metes solito el pie, todo te pesa, cada paso que das te cuesta más trabajo. Vivir desde aquí es como tratar de cruzar un largo camino con lodo o atravesar un pantano en el que te sientes cada vez más atrapado.

La inseguridad, las dudas constantes, el sentimiento de que "el mundo despertó de malas" o de que "conspira en tu contra" y todo lo negativo te pasa; reaccionas enojándote, sintiéndote víctima... todas estas cosas hacen que te sientas aislado y separado de los demás y de ti mismo.

Vives en la queja, la crítica y en el juicio constante y total. Cada crítica contra ti o alguien más, cada comparación te pone en una lucha constante por encajar, y esto hace que empieces a ponerte máscaras y que, irónicamente, termines sintiéndote más solo, porque escondes quién eres en realidad. Con esta sensación de estar atrapado y enganchándote en cosas que no te aportan nada. ¿Te ha pasado?

Muchas veces eso puede llevarte a crear una vida que en papel se ve espectacular, pero que no te llena, no disfrutas, no te hace sentir pleno y te deja con la sensación de que debe haber algo más.

Desde los lentes de la limitación y la escasez se vive como con una nubecita gris encima. El miedo, el vivir "anestesiado", el enojo y el resentimiento se cuelan en pretextos constantes con los que intentas justificar por qué tu vida no refleja lo que quieres. Pero lo que sucede en realidad es que crees que lo que quieres ni siquiera es una posibilidad para ti.

Si vives pensando: "Cuando tenga x ya voy a disfrutar y ser feliz", es más difícil que disfrutes lo que tienes. Inevitablemente sientes una carencia constante, que te pone a la defensiva, te drena de energía y, lejos de ayudarte a buscar algo más, cierra tu capacidad para recibir.

limitación + escasez = desconexión y miedo

Como puedes ver, son dos lentes completamente diferentes. Con los lentes de la expansión todo fluye y existe la sincronía; con los de la limitación, le pones a la vida este filtro de que las cosas no funcionan o de no poder recibir las cosas bonitas que la vida tiene para ti, y en lugar de fluir, todo se estanca.

Pero la gran noticia aquí es que, aunque estés viviendo desde la escasez, como tú de alguna manera consciente o inconscientemente lo estás creando, también tienes la capacidad de darle la vuelta a las cosas y usarlas para crear todo lo que sí quieres. Porque al alinear todo lo que eres puedes usar tu poder creador enfocándolo en la realidad más expansiva para ti. Estás literalmente a unas cuantas elecciones de notar la diferencia.

Muchas veces hacer preguntas te ayuda a cambiarte de lentes porque hace que te empiece a llegar información a través de ideas, recuerdos o alguna otra forma que te ayude a cambiar el chip. Y así, al cuestionarte creas un hilo constructivo que te saca de la limitación.

Por ejemplo, preguntar: *"¿Qué puedo elegir en este momento que me haga sentir un poquito mejor?"* o *"¿qué puedo elegir ahorita que sea fácil de hacer y que haga una enorme diferencia en cómo me siento y en lo que quiero crear?"*. Una vez que la elección te lleve a un mejor espacio vuelve a cuestionarte. En cada elección estarás más cerca de lo que quieres, porque una elección un poquito mejor que la anterior crea mucho más espacio para algo mejor y se vuelve una invitación a algo más divertido.

Y si ya estás en un lugar que te encanta, ¿qué tendría que pasar para que reconozcas que siempre puedes elegir un nivel aún más grandioso? No importa qué lentes traigas puestos, siempre ten presente la siguiente pregunta: ¿qué más es posible y cómo puede mejorar esto aún más?

Aquí algunas preguntas que te pueden contribuir:

- ¿Qué se requiere para que reconozcas con total facilidad que todo en tu vida lo estás creando tú y que si estás en un lugar que no te contribuye siempre puedes volver a elegir con total facilidad?
- ¿Qué necesitas para que reconozcas tu poder creador y empieces a cuestionarte desde dónde estás viviendo cada 10 segundos, para que te caches y sigas eligiendo siempre algo más grandioso y expansivo para ti, sabiendo que no eres víctima de nada ni nadie?
- ¿Qué te falta para dejar ir los "no puedo" o "eso no es para mí" y te enfoques en elegirlo y no parar de elegirlo hasta que lo veas en tu realidad?
- ¿Qué tanto más puedes recibir hoy?
- ¿Y si el Universo de verdad solo busca consentirte y darte más de eso en lo que estás vibrando?
- ¿Vives en expansión o limitación?
- ¿Qué más es posible para ti que no estás reconociendo hoy?
- ¿Cómo puede mejorar aún más tu realidad?

Lo más importante al hacer estas preguntas es que vengan desde un espacio de curiosidad y sin expectativa de tener una respuesta para que el Universo sea quien te conteste y no tu mente. Vivir desde la pregunta y no desde la conclusión mental hace que tu realidad se transforme por completo.

Observa con claridad tu vida y elige. Mantente atento y date cuenta a través de qué lentes estás viendo cada momento. Si necesitas ayuda extra puedes pedirles al Arcángel Miguel y al Arcángel Jofiel que te ayuden a cambiar de canal con total facilidad.

Yo sé que tu mente no cree que sea así de fácil, sobre todo porque es incómodo dejar ir las limitaciones, pero en mi experiencia puedo decirte que solo elección tras elección he salido de donde no quiero hacia la realidad que he creado. ¡Es muy incómodo! Toma esfuerzo, conciencia, presencia y constancia, pero lo vale.

¿Qué requieres ser y hacer para vivir desde un lugar que te expanda y que te contribuya a crear la vida que quieres?

El Universo

No es fácil poner en palabras lo que el Universo representa para mí, porque es mucho más grande de lo que podemos percibir e imaginar. Para mí, es esta fuerza mágica, increíblemente poderosa, creadora, con un amor y una abundancia infinita, que todo lo sabe y todo lo mueve, que está llena de posibilidades, magia, potencia y de todo lo bueno que conocemos. En muchas religiones se conoce como Dios, Universo o un ser superior. Es de verdad algo mucho más grandioso que nosotros y de lo que podemos imaginar. Pero lo que sí podemos hacer es percibirlo con nuestra esencia y nuestro corazón, porque yo siento que una partecita del Universo vive en nuestra esencia.

Lo más importante es que sepas que nunca estás solo y que el Universo solo quiere contribuirte, sostenerte, consentirte, apapacharte y guiarte en los procesos que vivas junto con todo el equipo de luz que tienes; lo conozcas, creas en él o no, ahí está siempre, acompañándote.

¿Y si eres el consentido del Universo y no lo has reconocido?

El Universo siempre busca darnos lo que queremos. Y como no habla en un "idioma terrenal" como el nuestro, sino que habla en energía y además no juzga nada como "bueno" o "malo", es nuestra frecuencia o vibración (que se construye al darles nuestra atención, pensamientos, energía, tiempo y palabras a diferentes situaciones) lo que le va diciendo al Universo qué queremos y así todo se reacomoda para contribuir a que eso suceda. Así el Universo nos consiente dándonos más de lo que queremos.

El problema viene cuando muchas veces no escogemos conscientemente a qué le damos nuestra energía, sino que nos dejamos llevar por la realidad en la que vivimos y nos metemos en el miedo, en el peor escenario, en el drama, y pensando o vibrando bajito de alguna manera. Si hacemos esto, inevitablemente lo reflejaremos en nuestra realidad porque el Universo no etiqueta las cosas como buenas o malas, simplemente como posibilidades.

Entonces, somos nosotros quienes le tenemos que decir a través de nuestra energía y de todo lo que somos qué es lo que queremos para que pueda contribuirnos y darnos más de eso. Por ello insisto tanto en la importancia de vivir presentes y con conciencia, para no reaccionar automáticamente desde las creencias que hemos aprendido desde chiquitos o por lo que vemos a nuestro alrededor.

No todo mundo está acostumbrado a vibrar en amor, en abundancia y en posibilidades. Muchas veces lo normal es justo lo opuesto, vibrar en la complicación, en la escasez, en el drama y en dificultarse las cosas.

Como te decía, el Universo completo está reacomodando cada una de sus moléculas para que la realidad que quieres se pueda ver reflejada. Entonces, si tú estás cambiando de opinión constantemente o dudando, el Universo se vuelve a realinear para darte eso que estás buscando. Con cada cambio de dirección que tú le des a través de tu energía se vuelve a realinear.

¿Estás consciente de las cosas a las que les estás dando tu energía hoy y lo que eso está creando para ti? ¿Y si tienes a todo un equipo para acompañarte?

Mi intención con esto es que sepas que hay alguien mucho más grande que tú conspirando siempre a tu favor, que es magia pura y que está aquí para sostenerte, contenerte, darte gusto y contribuirte en lo que sea que estás creando. Y eso me parece mágico, porque siento que muchas veces vamos por la vida pensando y sintiendo que estamos solos. Desde mi punto de vista, al sentirnos sostenidos podemos crear mucho más porque nos abrimos a las infinitas posibilidades que existen con más confianza.

El Universo habita en cada uno de nosotros y está conectado y en constante comunicación con cada parte de esta existencia. Así que, ¿qué se requiere para abrirnos a su enorme contribución?,

¿para saber que somos mucho más y existe mucho más de lo que podemos ver y percibir con nuestros cinco sentidos?, ¿y para abrirnos a la enorme contribución que todo tiene para nosotros?

El Universo lo incluye todo y dentro de este Universo también existe un equipo de luz que está disponible para nosotros. No importa si crees en él o no, si lo percibes o no, sus integrantes están siempre contigo acompañándote desde el amor y viéndote como el gran ser de luz que eres. Para ellos es un honor poder ayudarnos y acompañarnos en lo que queramos crear y en lo que estemos buscando en nuestro camino.

En este equipo de luz hay guías de la más alta luz, puede haber maestros ascendidos (si eres muy cercano a alguno de alguna religión), arcángeles, ángeles de la guarda, gente cercana a nosotros que trascendió y hasta mascotas.

Yo los descubrí en una de mis crisis más cañonas, de esas en las que todo lo que te da seguridad se te cae, sientes que te quitan el tapete del piso y no sabes hacia dónde ir. Me sentía completamente sola y como si nadie me entendiera, tenía cero claridad de cuál era el mejor camino para mí. Pasé de estar viviendo la vida de mis sueños a no querer quitarme la pijama ni salir de mi cama y fueron muchos meses rudos, de mucha terapia y de elegir estar bien. Cuando los conocí, todo se fue transformando poco a poco, mi vida cambió tanto que a los seis meses decidí certificarme como terapeuta con ángeles porque sentí que hay tanta gente sintiéndose sola sin saber que ellos están ahí, que elegí ayudar a que más personas los conocieran a través de sesiones de canalización y cursos para enseñar cómo crear una relación personal y cercana con ellos. Desde que los conocí me han acercado a infinitas posibilidades que yo ni siquiera me imaginaba, noto perfecto cómo todo el tiempo me ayudan en lo que requiero para estar más feliz y en paz, me contribuyen a encontrar los recursos que voy necesitando y lo que sea que voy pidiendo. Son en verdad un regalo increíble y el mejor descubrimiento en mi camino. Se han convertido en mi equipo máximo y mejores amigos.

En 12 años de trabajar con ellos no he visto a nadie que no los tenga, así que, si yo pude empezar a crear una relación increíble con ellos, estoy segura de que tú también puedes, si es algo que deseas.

¿Quiénes son los ángeles?

Por varias razones culturales hay muchas personas que sienten al Universo como un ser completamente separado de ellas, lo ven muy lejano o como un ser duro y castigador. En parte por eso existen los ángeles, porque pueden sentirse un poco más cercanos a nosotros.

Los ángeles son seres de la más alta luz que vibran en amor y prosperidad todo el tiempo, no juzgan nada y ven siempre nuestro máximo potencial y posibilidades infinitas. Saben perfecto cuál es nuestro mejor camino y nuestro más alto bien, en qué venimos a contribuir a la Tierra y lo que venimos a aprender. Siempre están buscando hacer equipo con nosotros, porque nos aman y admiran profundamente y, como te decía antes, no importa si crees en ellos o no, ahí están acompañándote de cerquita.

Ellos respetan que somos libres así que, literalmente, aunque conocen nuestros mejores caminos, no intervienen a menos que tú les des permiso. Por eso en cuanto te abres a la posibilidad de que existan, ellos hacen lo suyo y empiezan a dejarte señales para que sepas que ahí están ayudándote.

Para ellos no hay nada ni muy chiquito ni muy grande en lo que puedan ayudarte y siempre dicen que es importante que sepas que no los distraemos de nada "más importante", que es un honor y gran placer ayudarnos a lo que sea que nos acerque a nuestra paz, felicidad y gozo. Esa es su misión.

Hay diferentes tipos de ángeles que nos acompañan a cada uno y además una infinidad de ejércitos de ángeles extra disponibles para ayudarnos en cualquier tipo de situación que estemos viviendo. Lo increíble con ellos es que no tienes que esperar a vivir algo difícil para sentirlos cerca, puedes empezar a crear una relación con los tuyos ahora mismo y notar la diferencia en tu vida muy rápido. ¿Y si te abres a recibirlos?

Los dos tipos de ángeles con los que yo trabajo son los ángeles de la guarda y los arcángeles y aquí te cuento un poquito más de ellos:

Los ángeles de la guarda

Cada uno de nosotros tiene a su propio equipo en el que están los ángeles de la guarda, que son intransferibles. Solo están disponibles para ti. Si tú no los aprovechas, se quedan como "desperdiciados". Estos seres están aquí con la única misión de contribuirte y que puedas vivir una vida expansiva, amorosa y feliz. Así que lo único que necesitan es que tú les des permiso y que los invites constantemente a tu vida.

¿Cómo? Platicándoles y pidiéndoles con mucha confianza —como si fueran tus mejores amigos— lo que sea que quieras crear para que ellos puedan ayudarte. Como ellos respetan que tú eres libre, no van a intervenir en tu vida a menos que tú se los pidas, incluso si saben cuál es el camino más feliz y fácil para ti. Ellos se mantienen cerca y contribuyendo en situaciones de emergencia donde de alguna manera tu energía está pidiendo ayuda, pero esperando muy pacientemente y sin juzgar, observando todo tu camino hasta que tú quieras conectar con ellos. Te prometo que hacer el experimento tiene el potencial de cambiar tu realidad, porque eso me pasó a mí.

Me acuerdo de que en una época de una crisis fuertísima encontré a una persona, a través de mi mejor amiga, que se dedicaba a dar sesiones con los ángeles y fue increíble conocerla porque cuando fui a mi sesión me dijo cosas que yo jamás le había dicho a nadie, frases que mi mente me repetía constantemente, estos típicos cuentos que la mente te cuenta todo el tiempo, medio dramáticos y que no son la realidad.

Me acuerdo perfecto porque me dijeron las palabras exactas de lo que yo me estaba diciendo mentalmente para no soltar mi relación de pareja de ese momento (que, aunque era bonita, ya no era muy constructiva para ninguno de los dos); para no reconocer mi poder creador y para sentirme víctima de todo lo que según yo estaba pasando en mi vida.

En el momento en el que empecé a invitar a mis ángeles y a incluirlos en mi día a día pasé de estar muy triste y deprimida, a volver a ser alegre y reírme hasta que me doliera la panza en cuestión de meses. Y así fue como descubrí esta enorme contribución. Pasé de diseñar zapatos —que amaba y amo— a certificarme y dar sesiones de ángeles.

Descubrí sus señales, sus mensajes y a través de eso elegí prepararme para poder compartir este conocimiento con más personas. Entonces les dije a mis angelitos: "Si este es el camino para mí y esto es parte de mi propósito, por favor ayúdenme a tener total claridad y a saber qué hacer".

Y una noche me apareció en Facebook un anuncio de la certificación para dar sesiones con ángeles, de la autora que más admiraba en ese momento.

Me metí a buscar más información; esta era en Hawái, era la única que había disponible pues en ese momento no había muchos cursos online (ya sé, parece que tengo 100 años), y me acuerdo de que cuando vi el precio me sorprendió muchísimo porque era algo que mi mente no veía nada fácil de pagar, pero en lugar de resignarme, otra vez, les dije a mis angelitos: "Si ustedes saben que este es el camino más feliz y más expansivo para mí y que desde aquí puedo contribuir a muchas personas, ayúdenme a que esto se dé", y sin forzarlo ni aferrarme se los dejé en sus manos.

Menos de un mes más tarde me dieron en mi trabajo un bono por la cantidad exacta que necesitaba para irme, tomar el curso, quedarme ahí unos días, pagar el hotel, las comidas, ¡todo! ¡Los pesos y centavos exactos que necesitaba! Y en el momento en el que me llegó ese bono pagué el curso, me fui y mi vida nunca fue la misma.

A partir de ese momento he creado una relación con mis ángeles y con los arcángeles muy cercana. Claro que hay épocas en las que, como con cualquier amistad, me siento más cerca, o un poquito más lejos, pero sabiendo que siempre están ahí, que están presentes y que les puedo pedir en cualquier momento lo que yo quiera.

Que no te dé pena pedirles ellos no se cansan de recordarnos que para ellos es un honor poder contribuir y ayudar en lo que sea que estemos buscando. Y si tú no aprovechas a tus propios ángeles de la guarda, nadie más los puede aprovechar. Se quedan "desperdiciados" y sin cumplir con su misión. Así que si pudiera invitarte a algo, sería a hacer el experimento de pedirles eso que tanto necesitas hoy y ver qué pasa.

Cuando tú elegiste venir a la Tierra y contribuir en algo específico aquí, hubo por lo menos dos angelitos que se sumaron como tu equipo para estar contigo todo el tiempo, en las buenas y en las malas, creas en ellos o no, les hagas caso o no.

Ellos solo están contigo, no son transferibles porque cada uno tiene a los suyos, así que, como ya te conté, cuando les pides algo, lo que sea, no los distraes de nada más importante porque solo ven por ti. Por lo general uno te apapacha y otro te impulsa, por eso son dos y son un gran equipo. Todo lo que tenga que ver contigo y tu plenitud es algo con lo que ellos pueden y quieren contribuir. No hay nada muy chico o grande para ellos, así que pide con confianza.

No necesitas hacer un ritual, ni tener unas palabras o una oración específicas. Ellos se mueren de ganas de acompañarte y de contribuir, así que con que solo los llames, ellos van a estar ahí. Pide con confianza sabiendo que siempre te responden y una vez que pediste algo, deja que te lleguen sus respuestas a través de todo lo que existe a tu alrededor. Baja tus barreras y deja ir cualquier expectativa de cómo se tiene que ver una señal para que realmente puedas maravillarte y recibirla, y para que ellos puedan usar cualquier medio para sorprenderte con sus señales.

Los arcángeles

Ellos son un poco más grandes en tamaño y en jerarquía que los ángeles de la guarda. Tienen nombres, colores y especialidades y pueden estar contigo y conmigo al mismo tiempo. Cada especialidad representa una cualidad de Dios, así que hay infinitos, pero yo trabajo principalmente con 17.

Dependiendo de la situación que estés viviendo, se suma a tu equipo "un combo" de arcángeles con las especialidades que pueden ayudarte en ese momento, y una vez que esa situación se resuelve o cambia, estos arcángeles se van para darle espacio al nuevo equipo que puede contribuir con sus especialidades a esa nueva situación. Sí existen arcángeles que están con las personas todo el tiempo como si fueran ángeles de la guarda, pero por lo general van cambiando, dependiendo de lo que estés viviendo.

Cada arcángel además tiene a un grupo de angelitos que lo acompaña para ayudarle en esa especialidad, así que llegan con ayuda extra.

Algunos de los más conocidos son:

ARCÁNGEL	COLOR	ESPECIALIDAD
Miguel	azul índigo	protección, valor y guía
Rafael	verde esmeralda	sanación de todo tipo
Gabriel	cobre / naranja	comunicación y ma/paternidad

Uriel	amarillo	conocimiento y sabiduría
Jofiel	rosa bugambilia	belleza
Chamuel	verde pastel	encontrar
Metatrón	morado y verde limón	tiempo, aterrizar el conocimiento espiritual

Ejércitos ilimitados de ángeles extra

Como te platicaba, los ángeles de la guarda están "asignados" a cada persona y los arcángeles tienen sus especialidades, pero además existen también otros grupos de ángeles que están esperando a ver a quién le pueden contribuir, y entonces les puedes pedir que vayan a ayudar a alguien; si esta persona está abierta a recibirlos, van a poder, si no, estarán ahí pero respetando que es libre. Estos ángeles pueden ayudarte a resolver algo específico o a reacomodar todo para que puedas materializar algo mucho más expansivo para ti.

¿Cómo me abro a recibirlos?

Para abrirte a recibirlos solo debes tener la intención de hacerlo porque ellos tienen muchas más ganas que tú de empezar a convivir y crear una relación increíble juntos.

Para crear una relación con ellos no existe ninguna formalidad, ni protocolo de ningún tipo, y no necesitas a nadie externo para ayudarte, es igual que crear una nueva relación con un amigo, en la que depende de qué tanto convivan y platiquen para descubrir qué tan buenos amigos se vuelven.

Es cosa de empezar a conocerse sabiendo que tienen la mejor intención de recrear tu realidad junto contigo.

¿Cómo les pido?

Recuerda que tú eres un ser infinito e ilimitado, y que tu primer lenguaje, tu primer medio de comunicación, es la energía.

Tu energía sabe perfecto cómo comunicarse con ellos, incluso si tu mente te dice que no tienes ni idea de qué es esta locura. Te invito a hacer este experimento de conectar con ellos, su luz y su magia, a través de tu intención para contribuirte en lo que tú quieras. Tal vez te gustaría poner la intención de empezar a conectar y crear una relación con tus ángeles de la más alta luz y amor, después saludarlos y platicarles cómo te sientes y qué es lo que te gustaría crear en este momento en tu vida, mientras te abres a recibir su guía y contribución.

Como cada uno de nosotros es distinto a los demás, es importante que encuentres lo que funciona bien para ti. Algunas personas prenden velas para platicar con ellos, otras escriben cartas, unas más platican en voz alta o lo hacen pensando en la conversación y dejando que naturalmente vengan las ideas, imágenes o señales en respuesta a lo que piden. Siempre te van a responder. Dalo por hecho. Si pasan algunos días y no has recibido respuesta, pídeles que sean más claros. Acuérdate de que esto es una relación que estás construyendo de cero y que toma un poco de tiempo empezar a reconocer cómo te hablan. Ten paciencia, suelta todas las expectativas para que ellos puedan sorprenderte.

¿Cómo encontrar señales?

Todo está en abrirte a recibirlas con mucha curiosidad y ligereza, dejándote sorprender. Las señales siempre se repiten de diferentes formas hasta asegurarse de que las recibas; comienzan a ser evidentes, siempre son positivas, te hacen bien a ti y a los demás y tienen que ver con las cosas que te llaman la atención, te llenan de amor, confianza y dan mucha calma a pesar de que puedan estarte avisando de algún peligro. Siempre lo hacen de una forma tan amorosa que te sientes seguro y contenido. Pocas veces llegan de la manera en la que las estamos esperando, por eso es importante estar abiertos sin expectativas de cómo se tienen que ver. Absolutamente cualquier cosa puede ser una señal. Las más comunes son: plumas, monedas, números repetidos, imágenes, sueños, frases, etc. todo puede ser una señal si tiene que ver con lo que estás pidiendo. Estas son las señales más comunes y generales, pero también pueden venir en diferentes formas muy creativas en las que se repita el mensaje. Una vez que recibes la señal, está en ti elegir tomar acción. Por eso dicen que son nuestro equipo, pero al final, nosotros elegimos y ellos respetan. Igual que el Universo, ellos reciben mejor la información a través de nuestra energía, pero si en algún momento te sientes desalineado con eso que quieres lograr, puedes pedirles que te ayuden a alinear tu energía y todo lo que eres, que te ayuden a estar en el "canal" más efectivo energéticamente y manden todo lo que requieras para lograr eso que eliges para tu realidad.

Tomar acción es algo que solo puedes hacer tú, ellos pueden mostrarte el camino que más te va a llenar, pero quien tiene que elegir si lo camina o no eres tú. Te invito a recibir las señales y elegir lo que se sienta más expansivo para ti, confiando en que ellos siempre saben el camino más feliz, aunque parezca no hacer sentido.

Amo este tema y podría hablarte de esto en un libro completo, pero como este no se trata de ángeles, si quieres más información de lo que sé de ellos puedes entrar a mi página o mis redes para conocer más: descubretuluz.com o @descubretuluz.

EJERCICIO: ESCRIBE CON LUZ

Un ejercicio que puedes hacer es sentarte a escribir en un lugar sin distracciones, en el que puedas conectar contigo, con la intención de conectar también con ellos. Pide que los ángeles y guías de la más alta luz y amor te manden los mensajes que requieres en ese momento; puedes elegir escribir hasta arriba de la página una pregunta o lanzarte a escribir lo que sea que salga sin juzgarlo.

Al principio vas a sentir que el ejercicio no tiene ningún propósito y que estás escribiendo pura cosa rara... De hecho, muchas veces me pasa que empiezo a escribir cosas como: "No sé bien si esto esté funcionando, como que no me llega nada de información, pero aquí estoy abierta a recibirla". Después de eso empiezo a escribir cualquier cosa que cruza mi mente y de repente la mano fluye, las palabras fluyen, primero sin sentido, pero cuando eso pasa, no frenes, no juzgues, sigue escribiendo y al final lee todo. Es muy probable que ahí empiecen a llegarte mensajes más claros.

Otra forma de solicitar su guía es pedirles antes de dormir que en tus sueños te den las respuestas que estás buscando. Puedes dormir con papel y lápiz junto a ti, para que en cuanto te despiertes, antes de hacer cualquier otra cosa, antes de revisar el celular o lo que sea, escribas lo que te acuerdes de tus sueños. Y pídeles que durante el día te confirmen la información de alguna forma que pueda sorprenderte para que compruebes que eso que te están dando sí es una señal y es la información que estás pidiendo.

Espero que esto te contribuya y te ayude a crear la relación con ellos, pero lo más importante es que te abras y disfrutes hacer el experimento.

Parte 2.

Abrazando todo lo que eres

LA MENTE

Estoy convencida de que la mente puede ser nuestra mejor amiga y porrista o nuestra peor enemiga, metiéndonos el pie si la dejamos. Por eso es de lo más importante incluirla en nuestro proceso, sin pelear con ella, observándola y sumándola a lo que sí queremos lograr, porque todo depende del enfoque que le demos y de si usamos esa "vocecita" que vive dentro de nuestra mente, a la que escuchamos todo el tiempo, a nuestro favor o en contra.

Como he enfatizado, tenemos el poder de elegir todo en nuestra vida y vivir con conciencia hace mucho más fácil reconocer y retomar nuestros poderes para alinearnos y que todo fluya mejor.

Para que esto sea posible es nuestra responsabilidad abrazar todo lo que somos, incluyendo a nuestra mente. Abrazarla, aceptarla, nutrirla, alinearla y dirigirla es necesario para sumar en nuestro camino.

Para lograrlo es muy importante retomar nuestro poder personal y creérnoslo. Hay que saber que somos responsables de todo lo que pasa en ella, lo bueno y lo malo, y así acordarnos de que no somos víctimas de nada ni de nadie. A la mente le encanta buscar culpables sobre las cosas que pasan en nuestra vida. Buscar la culpa en los demás nos hace sentir frustrados e impotentes porque solo podemos cambiar lo que está en nuestras manos. Cuando encontramos la responsabilidad que tenemos en cada situación nos sentimos empoderados y, en lugar de limitarnos, nos abrimos a permitir el cambio y lo nuevo.

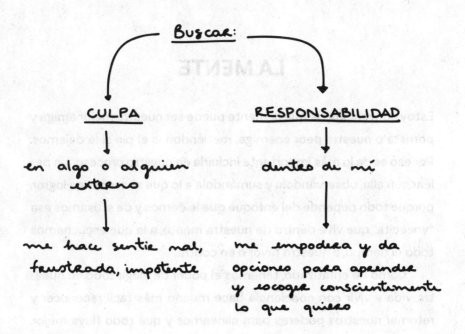

Cuando en lugar de echarles la culpa a los demás o buscar la culpa afuera buscamos la responsabilidad dentro de nosotros, podemos cambiar las cosas, realmente aprendemos y crecemos con lo que vamos viviendo, y respondemos (no reaccionamos) de una forma que escogemos conscientemente.

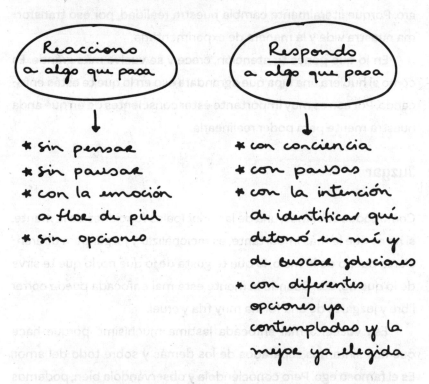

Reacciono
a algo que pasa

* sin pensar
* sin pausar
* con la emoción
  a flor de piel
* sin opciones

Respondo
a algo que pasa

* con conciencia
* con pausas
* con la intención
  de identificar qué
  detonó en mí y
  de buscar soluciones
* con diferentes
  opciones ya
  contempladas y la
  mejor ya elegida

No sé si sabías esto, pero está comprobado que en nuestra mente se forman más o menos 70 000 pensamientos diarios, la mayoría de los cuales son repetidos (a veces por generaciones) y negativos. También está comprobado que estos pensamientos son los que le van dando forma a nuestra vida y a través de los que vamos experimentando nuestra realidad. Entonces ¿qué crees que pasa cuando empezamos a cambiar algunos de esos pensamientos de negativo a positivo?

El cambio de percepción es tan fuerte que tiene el poder de transformar tu vida. Por eso, la autora y oradora Gabby Bernstein dice que un cambio de enfoque, desde su punto de vista, es un milagro. Porque literalmente cambia nuestra realidad, por eso transforma nuestra vida y la manera de experimentarla.

En lo que pones tu atención, crece y se vuelve más grande. Es como si hubiera una lupa que agrandara eso en lo que te estás enfocando. Por eso es muy importante estar conscientes de en qué anda nuestra mente para poder realinearla.

Juzgar

Como todos sabemos, una de las principales funciones de la mente, si no es que la más importante, es racionalizar y juzgar para diferenciar lo bueno de lo malo, lo que te gusta de lo que no, lo que te sirve de lo que no, etc. Cuando la mente está mal enfocada puede correr libre y juzgarte de una forma muy fría y cruel.

Esa vocecita mal enfocada lastima muchísimo porque hace que nos sintamos separados de los demás y sobre todo del amor. Es el famoso ego. Pero conociéndola y observándola bien, podemos reintegrarla a todo lo que somos para usarla a nuestro favor.

En el libro *Judgment Detox* de Gabby Bernstein, ella habla de cómo cuando venimos a la tierra llegamos conectados con el amor incondicional, con todo y con todos. El problema está en que cuando vamos creciendo, en algún punto de la vida tenemos alguna experiencia medio ruda que nos desconecta de ese amor y eso hace que sintamos que somos diferentes a todos los demás. Inconscientemente, esto nos duele muchísimo porque sentimos como que nos poncharon de repente la burbuja en la que vivíamos llenos de magia y nos duele tanto que nos desilusionamos, nos sentimos solos, y además se acaba volviendo contagioso, porque hacemos que los demás se sientan igual.

Mi papá dice que cuando llegamos al mundo somos como unos espejitos que reflejamos la luz de Dios porque estamos completamente conectados con el amor incondicional. Conforme va pasando el tiempo y empezamos a vivir diferentes experiencias que nos van desconectando de ese amor incondicional y lastimando, vamos reaccionando de formas separadas del amor en las que ya no nos sentimos parte de un todo, sino separados de los demás. Con cada una de esas acciones nuestro espejo se empaña y poco a poco vamos teniendo momentos en los que no reflejamos tanto la luz de Dios.

Esas experiencias en las que nos desconectamos por primera vez del amor nos hacen conocer la dualidad en la que vivimos en este mundo, y al sentirnos separados del todo empezamos a sentirnos solos y a compararnos con los demás. Para cada quien se ve diferente, hay quien se cree mejor que otros y quien cree que no es suficiente. Esto nos pasa a todos, en algún momento, pues esa desconexión es parte de la experiencia humana.

Ese momento en el que nos desconectamos por primera vez nos lastima tan profundamente que lo guardamos en el inconsciente, y a partir de ahí nace esta vocecita (el ego) y pasamos el resto de la vida no solo comparándonos, sino sintiendo que esa diferencia nos aleja de otros.

Esa voz, el ego, no es más que la falta de amor. A partir de esa desconexión y falta de amor se generan el miedo, la ansiedad, el control, la necesidad de aprobación y todas estas emociones que hacen que nos sintamos vacíos, que reaccionemos pensando o sintiendo que algo nos falta y que no somos suficientes. Es en esta comparación donde esta superhabilidad de la mente de categorizar las cosas para mantenernos bien se "descompone" y se va al extremo de juzgar intensamente todo el tiempo.

Por eso es tan importante aprender a observarla, a frenarla y platicar con ella, para entender qué es lo que nos quiere decir de fondo, para saber dónde nos asustamos o separamos y a partir de ahí poder regresar al amor. Sobre todo en esta época en la que "vemos la vida" de los demás en las redes y se nos olvida que solo nos estamos comparando con una versión perfectamente editada y no con la película completa.

Todos tenemos esta vocecita, es parte de estar aquí. Para poder "entrenarla" debes observarla y darte cuenta del momento en el que se dispara, con el fin de que puedas frenar y volver a conectar contigo, integrando esa voz para crear una mejor versión de ti con mucho amor y compasión.

Conociendo a mi Grinch interno

El ego no es nuestro enemigo, está ahí por algo y para algo. Es otra de las herramientas y partecitas que nos conforman. Claro, como llega por falta de amor, está ligado al miedo, el orgullo, la necesidad de aprobación y la escasez. Por eso hace que nos amarguemos y nos hagamos chiquitos. Para explicártelo un poco más fácil, ¿qué personaje de libro o de caricatura conocemos así?

Para mí el ego es parecido al Grinch, el personaje de Dr. Seuss, y te voy a decir por qué. Si no te acuerdas de este personaje, es un ser verde que vivía amargado en una cueva remota desde la que, en su soledad, juzgaba a otros y suponía lo que pensaban o sentían. Y todo aquello lo traducía en burlas hacia él, razón por la cual quiere robar la felicidad navideña de los habitantes de su ciudad. Es hasta que una niña llega a escucharlo, aceptarlo, amarlo e integrarlo a la comunidad que vuelve a ser amable con otros.

Así es la vocecita del ego, porque justo aparece cuando nos *sentimos* vulnerables y separados del amor, y hago énfasis en el verbo *sentir* porque siempre estamos conectados con el amor, incluso cuando sentimos que no es así. Esa es nuestra naturaleza, eso es lo que venimos a experimentar, pero se nos olvida que podemos escoger vivir cerca del amor. Entonces al sentirnos lastimados tratamos de defendernos, empezamos a compararnos porque no nos sentimos parte de un todo, creemos que el otro puede ser mejor y lo grave de esto es que al vivir en una época de redes sociales donde todo mundo pone la mejor versión de su vida y edita todo lo que va subiendo para que se vea como una vida increíble, sentimos que nuestra vida o realidad no tiene nada que ver con la de los demás, así es que nos juzgamos con más dureza y empezamos a tratar de aparentar cosas que no somos, y se vuelve un círculo vicioso. ¿Te ha pasado?

Observa tu vida para darte cuenta de en qué momentos aparece esa vocecita de tu Grinch interno, y trata de observarlo. A veces tiene el poder para hacer una tormenta enorme en un vaso de agua y el punto de conocer esta voz es aprender a entrenarla poco a poquito. Acuérdate de que si apareció es por algo, es una señal de que hay algo dentro de ti que está desalineado. Trata de tener una conversación con ella como si fuera tu amiga, porque realmente está aquí para darte una oportunidad para crecer. Cuando vivimos luchando contra ella o sintiendo que es nuestra enemiga no nos damos cuenta, pero estamos luchando contra una parte de nosotros mismos y cerrándonos a esa posibilidad. En cambio, cuando entiendes que esa vocecita es parte de ti, la aceptas e integras a ti, entonces es mucho más fácil volver al amor y que se sienta parte de un todo. No luches contra ella, pero sí entrénala. Cuando la estés entrenando pídele que frene un momento y escucha lo que te intenta decir, de dónde viene. A partir de ahí puedes decidir conscientemente de una manera diferente.

EJERCICIO: UNA PARADA EN TU CAMINO

Como estoy segura de que en este momento todos estamos malviajados con algún tema de nuestra vida, hagamos esta pausa para frenar un instante:

1) Toma una hoja y escribe:
   - ¿Qué es lo que te está preocupando?
   - ¿Qué es lo que hace que traigas un torbellino mental?
   - ¿Qué es lo que te está asustando?

2) Una vez que pongas esta situación por escrito, cierra los ojos e imagina que tu pequeño Grinch aparece en frente de ti. Trata de tener una conversación con él y hazte las preguntas:

- ¿Por qué está ahí?
- ¿Qué es lo que te está dando miedo o ansiedad?
- ¿Qué hizo que apareciera?
- ¿A qué conclusiones tan significativas para él está llegando que lo hacen sentir que nada se puede cambiar?

Escribe lo que venga a tu mente dejándolo fluir, ayuda muchísimo a tener más claridad. Y simplemente observa las ideas que llegan sin juzgar. Cualquier situación, pensamiento, recuerdo que se te presente es parte de la información que te está dando.

3) Una vez que lo hayas escuchado, dale las gracias por estar ahí, porque ese foquito rojo era algo que necesitabas ver. Si no hubieras recibido ese aviso para frenar en este momento eso iba a provocar una bola de nieve que se iba a convertir en una avalancha. Pero no es suficiente quedarte con eso, pregunta

por soluciones o acciones que puedas tomar
para que este miedo se vaya y puedas crear
en tu vida lo que sí quieres.

Te voy a poner un ejemplo: hace unos años lancé una página llamada Descubre tu luz —que es la que encuentras en el código QR del comienzo, en el que te coloqué todo el material extra de este libro—, a
los pocos meses de haberla lanzado estaba viendo Instagram y me
enteré de que había una conductora famosa que estaba lanzando
una página con contenido de bienestar, que tenía un nombre muy
parecido. En el momento en el que vi eso, mi primera reacción estuvo llena de orgullo, miedo e inseguridad, o sea, venía del ego.

Estaba enganchada pensando: "Qué cañón que esta persona y yo tuvimos más o menos la misma idea, pero la diferencia es
que ella tiene una cantidad de seguidores enorme y yo la verdad no.
¿Qué voy a hacer?". No había ni registrado mi marca. En ese momento entré en pánico, me dio para abajo, empecé a frustrarme mucho
por todo el esfuerzo que había hecho por meses, sintiendo que se
iba a ir a la basura, porque había alguien "más grande que yo" haciendo algo parecido con un nombre parecido, y seguramente para
mí iba a acabar mal.

Después de mucho malviaje me di cuenta de que estaba en un
torbellino de pánico. Frené un momento y pensé: "A ver, ¿qué es lo
que está pasando?". Me di cuenta de que estaba viviendo esto des-

de el ego, entonces lo escuché y puse mucha atención a mis ideas y pensamientos.

Me daba miedo que toda la gente que podía llegar a mí se fuera con ella. Me di cuenta de que el miedo que sentía provenía de la comparación, que me estaba alejando de mi propósito: dar un servicio que ayudara a la gente a conectarse consigo misma mediante herramientas espirituales que a mí me habían funcionado.

A partir de ese pensamiento regresé a la parte del amor y me dije: "Ok, ¿qué acciones positivas puedo tomar para solucionar esto y no quedarme en el miedo? ¿Qué puedo hacer?". Mi forma de pensar comenzó a ser propositiva y constructiva y se me ocurrieron varias cosas. Le hablé a mi abogado y empezamos a checar que mi página, logotipo y nombre se pudieran registrar. Una vez hecho, regresé a mí mediante una meditación y pensé: "La verdad es que lo que estoy haciendo es por compartir mi conocimiento, que les podría ser útil a otros. Si esta persona está en el mismo canal, ¡qué increíble!", y así vi que ella compartía también conmigo. Me recordé a mí misma que desde el amor hay espacio para todos, la gente que llega a su página no es la misma que me va a seguir a mí, porque mi voz y su voz son completamente diferentes, y así como hay millones de seres humanos, existen personas diferentes con necesidades distintas. Seguro habría gente que haría clic con su voz y habría gente que hiciera clic con la mía. Y desde ahí ambas podíamos sumar. Hay espacio para todos y, al sumar, es increíble que se pueda ir contagiando la luz. Ella se volvió también una invitación para mí, pues si ella podía, yo también.

Malviajarse es normal, reconectar contigo mismo, cuestionar tus intenciones, cambiar los lentes, tomar acción y reflexionar te permite abandonar el ego y regresar al amor.

Mi ejemplo es para que veas que a todos nos pasa. Si yo no hubiera querido ver lo que estaba pasando y cómo me estaba sintiendo hubiera puesto toda mi energía inconscientemente en esconderlo, y toda esa energía habría hecho que el miedo creciera, entonces, en lugar de frenarlo, se hubiera hecho mucho más grande y fuerte y algún día, más adelante, podría haber explotado.

No se trata de engañarte, sino, al contrario, de tomar todo lo que viene y desde ahí crecer.

EJERCICIO: VIAJA LIGERO

Aquí unos puntos que pueden contribuir para soltar el mal viaje.

Reconócelo: Trata de escribir el torbellino que está pasando por tu mente. Hacerlo te ayuda a tener más claridad y que te caiga el veinte.

1) Platica con tu Grinch: pregúntale de dónde viene el malviaje, qué lo detonó. Cierra los ojos para ir hacia atrás en el tiempo y comprender en qué momento empezaste a reaccionar así. Si puedes escribe libremente y sin juzgar lo que te venga a la mente para tener todavía más claridad.

2) **Conecta contigo:** reconoce si tienes alguna emoción atorada que necesites sacar y regálate el tiempo y espacio para hacerlo. Siente, llora, escribe, medita o lo que te funcione mejor.

3) **Agradécele a tu Grinch** por haber sonado la alarma, que por algo estaba ahí.

4) **Dale la vuelta:** conecta con el amor dentro de ti, con tu luz, con tu propósito, con querer sumar y encontrar soluciones. Piensa en varias soluciones para resolver la situación que sean constructivas y positivas, esto hace que la mente pase de lo negativo a enfocarse en solucionar y se prende el lado creativo del cerebro. Trata siempre de buscar varias opciones para que escojas la mejor.

5) **Actúa:** da los pasos que encontraste para salir de lo que no te gustó a lo que sí quieres.

Si necesitas otro ejercicio buenísimo para vencer miedos o creencias limitantes te recomiendo *The Work* de Byron Katie, que también puedes encontrar en la página de recursos de este libro.

Venimos a este mundo a experimentar la dualidad y aprender de ella, porque nuestra esencia solo vibra en amor. En este mundo es en el único lugar donde se vive esa dualidad, donde existen la luz y la sombra. Todos somos perfectos tal cual somos con todas nuestras "virtudes" y "defectos" porque nos encanta etiquetar todo como bien o mal, pero en realidad todo son experiencias.

Si eres de las personas que, como yo, creen en los ángeles, ellos siempre dicen que nos admiran muchísimo por venir a este plano, que es la tierra, para aprender a través de la dualidad. En el plano donde ellos están todo es luz, armonía, amor, y todos estamos conectados, pero cuando venimos a la tierra escogemos aprender a través de esta dualidad porque sentimos que es lo que necesitamos para, desde ahí, recordarnos que el amor es la mejor solución a todo. Por eso les encanta dejarnos señales para estar cerca de nosotros, acompañándonos en nuestro camino y para que tengamos en mente todo el tiempo que hay que regresar al amor.

Una de mis películas favoritas es la de la *Mujer Maravilla*. En esa película ella dice que, como diosa, escoge quedarse a vivir entre los mortales porque se da cuenta de que esta dualidad realmente vive dentro de cada uno y que admira muchísimo esa lucha constante en la que decidimos enfocarnos en crear desde el bien o el mal. Yo creo que lo increíble y lo admirable de nosotros es el hecho de que usamos nuestro libre albedrío para escoger regresar al amor y para realmente atrevernos a vivir la vida que sí queremos. Me parece que esta película lo dice de una manera muy gráfica y padre, y de verdad nos hace conscientes de que día con día y decisión tras decisión escogemos lo que queremos construir.

El poder de las palabras

Esta fue una de las tres cosas que descubrí hace años cuando tuve esa crisis fuerte que ya te conté. Este poder lo aprendí viendo una película con uno de mis hermanos. Fue una de esas películas que ni siquiera te convence, pero estás tan aburrido que la empiezas a ver. Resultó ser una de las que han transformado mi forma de pensar. *¿¡Y tú qué sabes!?* es un documental en el que hablan del doctor Masaru Emoto, quien se dedicó a investigar y probar que las palabras, las emociones y hasta la música pueden impactar las moléculas del agua. Básicamente lo que hizo fue tomar unas gotas de agua y ponerlas en un portaobjetos tapadas con un cubreobjetos. A cada portaobjetos le escribió una palabra diferente, como *amor, odio,* etc., y los congeló en las mismas condiciones. Hizo también otras muestras de la misma agua y les puso música diferente, a una le puso "Imagine" de John Lennon y a otra rock pesado y las congeló; también puso una muestra de control, sin nada. Después de tres horas las vio en el microscopio, y todas se habían transformado de distintas maneras.

Las moléculas de agua que tenían palabras positivas habían adquirido formas armónicas, unidas. Las negativas se habían separado, habían cambiado de color y se veían con figuras más agresivas. Así comprobó científicamente que las palabras que usamos impactan todo.

palabras positivas   palabras negativas

Nuestro cuerpo está formado por más de 70% de agua. Entonces, si las palabras les pueden afectar así a unas gotas de agua, imagínate cuánto nos pueden afectar a nosotros.

Cuando vi este documental me abrió los ojos y la mente de una forma que jamás esperé. Yo ya era fan de los decretos y afirmaciones o frases que puedes repetir para atraer lo que quieres a tu vida, pero no sabía que existía científicamente algo que comprobara el efecto que tenían las palabras sobre algo físico hasta que vi dicho documental. Entonces decidí ponerlo en práctica en mi vida. Agarré una pulsera, que era una tirita de piel, y le escribí las palabras y emociones positivas que quería empezar a sentir en mi vida.

En ese momento, como te platicaba, estaba muy triste, decepcionada, cansada, pero a mi pulsera le escribí cómo me quería sentir y lo que quería experimentar en mi vida. Me la puse para que cada vez que la viera me acordara de que todo esto era posible y que ya venía a mi vida. Entonces era como una afirmación doble porque, por un lado, traía estas palabras puestas que yo sabía que estaban cambiando mis moléculas para bien, y al mismo tiempo cada vez que la veía era como acordarme de todo lo bueno que sí existe y ya se estaba creando desde ese momento para mi vida.

No soy científica, así que no puedo decir que comprobé en un microscopio que mis moléculas cambiaran, pero sí te puedo decir que se volvió un amuleto superpoderoso para mí. Fue algo tan mágico que lo junté con mi trabajo. En ese momento diseñaba zapatos con mi familia, y mi hermano y yo al ver esta película decidimos poner frases y palabras positivas en las suelas de nuestros zapatos y a partir de ahí experimentamos juntos un cambio increíble. Me puse a escribir estas frases y afirmaciones, imaginándome y dándole la intención a cada par que hacía. Imaginaba a la persona que iba a usar esos zapatos, disfrutándolos muchísimo, sintiéndose más guapa al usarlos —porque así pasa con unos zapatos nuevos, te sientes muy feliz—, pero al mismo tiempo transformando sus moléculas y haciéndola sentir mucho mejor a través de la palabra que trajera en la suela.

Pero esto no paró ahí, mis amigas vieron la pulsera que siempre traía puesta y me pidieron una para ellas. Un amigo también la vio y me pidió unas para su tienda y entonces empecé a desarrollar una línea de diferentes accesorios que fueran lo suficientemente básicos para usarlos todos los días y que, sobre todo, se convirtieran en el amuleto de la suerte que para mí significaba esa pulsera que llenaba de magia mi vida.

Así, hice varios modelos con diferentes palabras y símbolos y empecé a regalarlos en Navidad y luego a venderlos cuando me pedían, y de este modo nació mi línea de joyería llamada LëkkiMe, que significa *ilumíname*.

Pero el punto de esto es platicarte el poder que existe realmente en las palabras, porque si nosotros entendemos que cada palabra (y su energía) va marcando nuestro presente, nuestro futuro y hasta qué tan bien funcionan nuestras moléculas, entonces es mucho más fácil que sí pongamos atención en lo que pensamos y decimos.

Hay que poner muchísima atención a las palabras que usamos porque son la magia más pura y las semillas más efectivas. Lo que sembramos con ellas crece y se materializa en nuestra vida. Usarlas conscientemente para describir nuestra vida y creaciones es una pieza más para construir lo que queremos.

Lo que pensamos es lo que escuchamos todo el día; lo que decimos va afirmando, a través de esa frecuencia, lo que queremos ver en nuestra vida y lo que hacemos para alinear todo lo que somos para que todo sea congruente, hace que logremos con más facilidad lo que queremos. El Universo conspira siempre a tu favor, escucha todo. ¿Estás consciente de lo que le estás pidiendo?

Sea "positivo" o "negativo", el Universo lo único que quiere hacer es consentirte, darte todo eso que quieres, pero entiende que todas las palabras que repites y a todas esas cosas a las que les das tu atención, energía e intención son lo que disfrutas hacer. Si vives con estrés y repitiendo cosas negativas todo el tiempo, piensa que eso es lo que te gusta y te manda más experiencias que te van a hacer sentir o pensar igual todo el tiempo.

Cuando tú empiezas a cambiar tus pensamientos, palabras, lo que haces, lo que disfrutas y todo a lo que le das tu energía, el Universo entiende: "Ok, ahora lo que le gusta y disfruta es esto nuevo, le voy a mandar más experiencias de lo mismo". Entonces si el Universo solo se dedica a multiplicar lo que pides, ¿sabes qué estás pidiendo?

La energía de las palabras

Si te fijas, las semillas en la naturaleza tienen vida propia, energía que está encapsulada y lista para crecer cuando las condiciones sean las correctas y, como te platicaba, las palabras que usamos son las semillas que van creciendo en nuestra vida. Así como las semillas de la naturaleza, las palabras tienen energía propia. Quiero ponerte algunos ejemplos de palabras que veo que todos usamos en la vida diaria y que, aunque a veces podemos usar en el mismo lugar en una frase, cambia por completo la energía al sustituir una por otra. Son pares de palabras, el chiste es que trates de sentir la energía de las dos. Si puedes cierra los ojos y repítelas en tu mente, una por una, después de leer cada par. Siente su energía y subraya o circula aquella que tenga la energía que más te gusta.

Ahí te van:

- debo - quiero
- fuerte - abierta
- débil - vulnerable
- importante - feliz
- tengo - necesito
- ocupado - libre
- quiero - elijo
- fácil - difícil
- difícil - poco fácil (como dice mi papá)

¿Te fijas cómo cada una de estas palabras en la lista se siente muy diferente que su contraparte? La verdad es que muchas de ellas son palabras que usamos todo el tiempo, por ejemplo, la palabra *debo*, que nos habla muchísimo de la expectativa que tienen los demás ante lo que nosotros tendríamos que estar haciendo, contra la palabra *quiero*, que te habla de algo que en serio se te antoja mucho hacer. O si nos vamos un pasito más allá, la palabra *quiero*, que es algo que no tienes y está en el futuro, o *elijo*, que te empodera y te dice que de alguna manera ya es una realidad.

¿Qué pasaría si cada vez que dices "debo" o "tengo que" cambias esas palabras en la misma frase por "quiero" o "elijo"? Por ejemplo, ¿qué pasa si yo te digo "*debo* ir al súper"?

A mí me choca ir al súper, soy de esas personas que, de verdad, es lo último que elegirían hacer en la vida. Lo que he aprendido es a cambiarlo por un "*quiero* ir al súper". Este cambio logra que realmente te cuestiones si quieres hacer lo que dices. O si lo cambias por "elijo", es aún más fácil de lograr y más poderoso.

Vete a lo profundo, si no quieres hacerlo, pero hay algo dentro de esa actividad que te llene, o que te motive en el fondo, entonces busca la forma de llevarlo a cabo de una manera en que te funcione y haga feliz. Busca cómo lograr eso de fondo que sí quieres, sin tener que hacer aquello que no quieres. Como pedir las compras del súper en línea para tener comida, en lugar de ir físicamente.

Creo que a esta vida venimos a ser felices y para eso muchas veces hay que romper con el deber ser, y al hacer estos pequeños cambios con las palabras te irás dando cuenta de que hay ciertas actividades que en realidad ni te llenan ni te hacen feliz y no necesitas hacer. Se trata de que poco a poco vayas regresando a tu poder y haciendo las cosas que te hacen feliz, para ir soltando las que no. Entrena a la mente y acostúmbrala un paso a la vez a cambiar hacia lo positivo y lo que te gusta.

Nuestros pensamientos

Así como cuidamos lo que decimos, hay que cuidar también lo que pensamos, porque muchas veces nos fijamos en cómo le decimos las cosas a la gente, pero no tenemos cuidado en cómo nos hablamos internamente. Nuestros pensamientos pueden empoderarnos muchísimo o pueden aplastarnos. Ahora déjame platicarte un poco más acerca de los decretos y las afirmaciones, un tema que se puso de moda a partir de que salió el libro *El secreto*. Después de tomar un curso de la filosofía de Louise Hay y de aprender otras cosas, decidí conjuntar todo y crear una formulita con la mezcla de lo que me funcionó mejor.

Los decretos y las afirmaciones son frases que nos ayudan a crear la vida que queremos. Se llaman afirmaciones porque son formadas por palabras positivas, afirmando o agradeciendo que ya tienes lo que quieres lograr (aunque todavía eso no haya llegado a tu vida). Louise Hay decía que se hace así porque al repetirla le estás diciendo al cerebro que eso ya es real, y la mente, que es tan poderosa, no entiende por qué afirmas eso cuando no lo reconoce en la vida real, entonces energética y mentalmente hace todo lo que puede por crearlo y en algún momento hace que se vuelva realidad.

En *El secreto* se dice que es importante ser lo más específico posible. Tu afirmación debe tener el tipo, modelo y hasta color de coche que quieres, por poner un ejemplo.

A mí me parece que hacerlo así es una forma muy racional, y sobre todo aferrándote a un resultado en específico. Cuando conocí a los ángeles y el trabajo de Louise Hay, que mezcla la parte de la afirmación racional con la emoción, hice un clic perfecto. Era justo el ingrediente que le faltaba desde mi punto de vista.

Además de la emoción, acabé aprendiendo más cosas que mezclé para decretar, hasta formar estos pasos para que funcione mucho mejor; son muy fáciles de aprender y de aplicar. Ahí te van:

⊙ **Paso 1:** Lo primero es saber que te mereces lo que quieres por el simple hecho de existir y que eso que buscas no solo va a llegar a ti, sino que también tengas la seguridad de que te está buscando. Si no lo crees, no importa cuánto lo decretes, eso que quieres no va a llegar porque el Universo también escucha la energía de tus creencias.

○ **Paso 2:** Es importante tener mucha claridad y saber exactamente qué es lo que quieres lograr, pero sobre todo cómo te quieres sentir ya teniéndolo. Puede ser de cualquier tema.

○ **Paso 3:** Ya que sabes lo que eliges, hay que reconocer y agradecer que de alguna forma eso ya está en tu vida. Por ejemplo, si estás buscando amor en pareja, pregúntate cómo te quieres sentir con ese amor de pareja, y reconoce que de alguna forma eso ya está en tu vida, aunque sea de diferentes formas. Reconoce todo el amor que tienes de tu familia, amigos, de ti, etc., reconoce esa amistad que te acompaña, te valora... Reconoce y acepta lo que ya tienes con respecto a ese tema. Eso hace que venga desde una energía de agradecimiento y no de necesidad.

○ **Paso 4:** Ahora sí, haz una frase positiva afirmando que ya tienes eso que quieres en tiempo presente, usando solo palabras positivas, enfocada en cómo te quieres sentir teniendo esto.

○ **Paso 5:** Usa la frase: "Destruyo y descreo todo lo que impide que esto se vea reflejado en mi realidad" después de cada decreto.

○ **Paso 6:** Imagina que eso ya es una realidad y graba la sensación de cómo te sientes al ya tenerlo en cada parte de ti; este paso ayuda a hacerlo realidad mucho más rápido.

○ **Paso 7:** Suelta y confía en que el Universo conspira a tu favor y te va a ayudar a lograrlo, sumando la frase: "Esto o algo mejor". Esto te lo digo porque muchas veces pensamos que esa persona, trabajo o cosa en específico nos va a hacer sentir plenos y felices, y en realidad no. En cambio, cuando usamos esta frase, el Universo tiene todas las puertas abiertas para darte lo que en realidad te haga sentir como quieres. Esto garantiza que si lo que estás pidiendo no te va a hacer sentir de esa forma, el Universo o la vida se va a asegurar de darte lo que sí te va a hacer sentir así.

gratitud
+
claridad
+
frase positiva

{ formada solo por palabras positivas
+
en tiempo presente
+
enfocada en cómo me quiero sentir }

+ esto o algo mejor

Te comparto estos pasos que he ido perfeccionando y cambiando hasta llegar a lo que para mí funciona muy cañón, porque me he dado cuenta de que cuando alineamos nuestras emociones, energía, creencias, palabras y gratitud, se vuelve mucho más fuerte este poder y las cosas aparecen en nuestra vida mucho más rápido y fácil.

Hace muchos años, cuando todavía no lo sabía, pero estaba a punto de conocer a mi esposo, vino una mujer que ahora es mi amiga a una de mis sesiones a trabajar justo el tema de la pareja.

Ella en ese momento estaba cortando con un novio y no sabía qué quería hacer, no sabía si quería volver o no. Al final de la sesión salió con un post-it que tenía una afirmación que decía: "Me siento de forma __con una pareja que me trata de forma __". Antes de irse me preguntó: "¿Tú tienes novio?". Yo no tenía, pero tampoco estaba buscando. Me dijo: "¿Por qué no pegas el mismo post-it que yo en tu espejo?". No tenía nada que perder. Yo estaba muy feliz con la vida que ya tenía en ese momento y ni siquiera sabía si quería. Entonces hice una afirmación que era parecida a la suya, pero con mis propias palabras, algo así como: "Me siento feliz, segura, valorada y completamente enamorada de un tipazo que me encanta y ama tal cual soy". Pegué el post-it en el espejo de mi baño y cada vez que me lavaba los dientes repetía esa afirmación, igual que otras que tenía en ese momento para decretar y para afirmar diferentes cosas para mi futuro.

Yo no lo sabía, pero la mamá de mi esposo había pegado una afirmación también en su espejo, pidiendo una novia para su hijo. En ese momento estaba la película de *Valiente* en el cine, sobre una princesa que era un poquito rebelde e independiente porque le gustaba hacer las cosas a su manera, tenía el pelo chino y esponjado y ojos grandes. Ella dice que así se imaginaba a la novia de su hijo.

Sin saberlo, nuestras dos afirmaciones energéticamente se encontraron, y más o menos al mes conocí a mi esposo. No solo eso, mi amiga también conoció al poco tiempo al suyo. Este es otro ejemplo que me encanta porque puedo comprobar el poder que las palabras han tenido en mi vida.

Así que regálate un ratito para decretar algo que te mueres de ganas de ya tener en tu vida. Y como tip adicional a lo que menciono en mi ejemplo, recuerda el poder del agradecimiento. Es tan fuerte que hay mucha gente que decreta agradeciendo lo que quiere como si ya lo tuviera en su vida. Eso también es otra manera de decirle al Universo que quieres más de eso (aunque todavía no esté en tu vida).

Cuando salieron el libro y la película de *El secreto* muchísima gente trataba de decretar, pero no entendía por qué no le salía bien. Eso es porque a lo mejor eran muy específicos en cuanto a lo que querían racionalmente, pero no alineaban sus creencias, energía y emociones con lo que estaban repitiendo y tampoco partían del agradecimiento, sino de la necesidad, y entonces se creaban estas situaciones en su vida, pero con una especie de dualidad e incomodidad no muy alineadas con lo que querían.

Alinea todo lo que tú eres cuando decretes y al final suéltalo al Universo. Confía en que sabe mucho mejor que nosotros mismos lo que nos puede hacer felices. Acuérdate de que el Universo tiene la película completa y nosotros solo tenemos un pedacito de una escena, así que cada "desviación en el camino" también te está acercando a eso que quieres.

El poder de la intención

Y así como las palabras tienen poder, también quiero platicarte del poder que tienen nuestras intenciones. Las intenciones para mí son mágicas porque le dan un sentido especial a lo que vamos viviendo.

He descubierto que al ponerle intención a todo lo que hago me siento mucho más plena. Además, soy más productiva para lograr lo que me propongo. Por ejemplo, he descubierto que si empiezo mi día poniéndole la intención de que sea un día positivo y productivo, con el simple hecho de poner esa intención todas las cosas durante mi día se alinean para ser positiva y productiva. Otro ejemplo es sonreír mientras contesto mis mails, eso hace que tengan intención positiva y se lean de una forma más amigable. Lo mismo pasa cuando le das una intención a una junta, a un proyecto, a cualquier cosa que hagas. Al ponerte una meta dentro de esa acción o proyecto el fin y la meta se cumplen más fácil, y sobre todo al final tú te sientes mucho más pleno porque no solo hiciste algo que querías hacer, sino que, al darle esa intención extra, hiciste que tú o alguien más se sintiera todavía mejor.

Es un poco como el ejemplo que te platicaba de mi línea de joyería, yo pude haber creado una línea de joyería y accesorios bonita, con diseño, con piezas que les gustaran a las personas, solo eso. Pero decidí ponerle la intención de que se volvieran sus amuletos de la suerte, de que las acompañaran durante esas épocas en las que crean ese sueño que quieren tanto, en recordarles que no están solas, que pueden pedir ayuda a sus ángeles que están cerca, en que la intención sea alinear toda su energía para lograr eso que están pidiendo.

Cuando yo pongo esas intenciones detrás de todas las cosas que hago siento que estoy dejando algo mejor en el mundo. Sobre todo, la gente que está buscando esa intención en el mundo energéticamente conecta con estas piezas que ya tienen esa intención cargada, es como si fueran un imán que atrae al otro, y se me ha hecho padrísimo hacerlo así y que la ley de la atracción encuentre la intención que yo estoy poniendo con la intención que alguien más está buscando. Te invito a poner estas intenciones en todo lo que hagas para que veas cómo las personas correctas llegan más fácil a esos proyectos que quieres hacer y cómo todo se alinea de una manera mucho más fácil y armoniosa para que tú puedas lograr esa meta que estás buscando.

El poder de las palabras y de la intención también ayuda a que tu mente se mantenga enfocada en cosas positivas y propositivas porque, como te decía al principio de este capítulo, a la mente le encanta divagar, preocuparse y estar en el pasado o en el futuro y no tanto en el presente. También le encanta hacer torbellinos cuando se asusta con algo, y muchas veces al estar pensando en todos esos miedos y esas preocupaciones podemos obsesionarnos con controlar el final o el resultado.

En Oriente es muy famosa la expresión "monkey mind", que justo significa que nuestro cerebro es como un changuito que todo el tiempo está jugando y cambiando de cosa en cosa, pero es muy importante enfocar a ese changuito en algo positivo y constructivo para poder vivir la vida que queremos.

Nuestras creencias y puntos de vista

No sé si sabías esto, pero cuando somos pequeños nuestro cerebro es como una esponjita que va absorbiendo todo. De los cero a los siete años aprendemos las creencias o puntos de vista que le dan forma a nuestra realidad más adelante. Se van formando por lo que vivimos, experimentamos y por todo lo que vemos, escuchamos, percibimos y aprendemos de los adultos y de todo lo que está a nuestro alrededor. Todo esto va formando las creencias que se van instalando superprofundo en nuestro inconsciente, y estas, igual que nuestros pensamientos, pueden ser limitantes o pueden impulsarnos, pero siempre, de alguna manera u otra, rigen nuestro comportamiento. Cuando crecemos seguimos absorbiendo, no tan profundo como cuando éramos niños, porque la base de nuestra realidad ya está bastante formada desde ahí, aunque siempre se puede ir transformando.

Para mí los pensamientos y las creencias son muy parecidos, porque los dos nos ayudan a darle forma a nuestra realidad, pero las creencias son mucho más profundas, porque por lo general son pensamientos que repetimos tan seguido que se vuelven lo suficientemente importantes para grabarse en nuestro inconsciente. Estas creencias nos dicen que algo que hacemos está bien o mal y dan forma a nuestra vida. Nos dicen, por poner algunos ejemplos, que "aventurarnos en algo, se puede" o "no se hace porque es muy arriesgado"; nos dicen nuestras prioridades, si generar dinero "es fácil o difícil", si "mereces o no mereces algo", etc.

Y justo por eso creo que es muy importante aprender a diferenciar cuáles son las que quieres tener y cuáles son las que a lo mejor absorbiste mientras crecías pero ya no te funcionan. Cuando te haces consciente de ellas puedes editarlas, reafirmando las que sí van con lo que quieres crear y borrando o transformando todas las que no quieres.

El otro día escuché a Marco Antonio Regil dar un ejemplo que se me hizo muy fácil de entender. Él dice que las creencias son como esas aplicaciones que ya vienen instaladas en nuestros teléfonos en el momento en el que los compramos, y así como tú puedes ir borrando las que no te gustan e instalando las que sí quieres tener, es lo mismo con nuestras creencias, no porque ya las traigas quiere decir que las vas a tener toda tu vida y que no las puedes quitar.

Pero, además, igual que como en nuestros teléfonos, hay aplicaciones que están corriendo todo el tiempo acumulando datos y diciéndole al teléfono qué hacer. Así son nuestras creencias inconscientes, todo el tiempo recopilando información, analizándola y diciéndonos cómo reaccionar en equis situación.

Estas creencias pueden ser de cualquier tema; pueden estar relacionadas con dinero, abundancia, con ser suficiente, con la sensación de merecer, con ideas sobre ciertas personas, etc. Mucha gente dice que somos nuestras creencias, yo pienso que de nuestras creencias se forman nuestros hábitos y nuestra realidad, pero no somos nuestras creencias, porque al poder transformarlas, transformamos nuestra vida. Todo está en fijarnos muy bien en las que ya traemos y en las que la vida nos está mandando constantemente para instalarlas o desinstalarlas de nuestro sistema, porque, por poner un ejemplo, si traes instalada la creencia de que las relaciones de pareja son dramáticas, ¿qué tipo de relación crees que estás atrayendo para comprobar tu teoría?

Otro ejemplo que creo que es muy fácil de identificar en la vida de todos son las creencias alrededor del dinero. ¿Cómo es tu relación con el dinero hoy? ¿Te cuesta trabajo ganarlo o llega a ti sin mucho esfuerzo? Y al leer esta frase del dinero que llega sin mucho esfuerzo, ¿qué opinaste? Porque nuestra mente lanza en automático un: "Obvio, porque me lo merezco", o un: "¿Cómo va a llegar sin mucho esfuerzo?". Si te fijas son dos reacciones completamente opuestas, y ¿con qué creencia crees que va a llegar más rápido el dinero a tu vida? Cualquiera que sea la respuesta a estas preguntas, observa también de dónde o de quién tomaste esta creencia. No para echarle la culpa, acuérdate de que la culpa no sirve de nada, sino para encontrar nuestra responsabilidad en esto, porque nos ayuda a cambiar las cosas.

Por ejemplo, yo crecí en una familia con muchos hermanos y la vida me regaló a unos papás que siempre han sido muy justos con nosotros. Desde chiquita entendí el esfuerzo que hacían para darnos lo que necesitábamos, por eso trataba de no pedir demasiado. Varias veces cuando pedía algo me decían que sí y muchas otras me decían: "Ahorita no se puede porque no hay dinero o porque tengo que darles lo mismo a todos". Obviamente mis papás no lo hacían con mala intención, al revés, lo hacían lo mejor que podían, pero en mi inconsciente se quedó grabada una especie de culpa al pedir y una creencia de que no había, que he tenido que trabajar varias veces para poder cambiar.

Yo tengo la teoría de que hay cosas que repetimos en la vida por las creencias que tenemos y las experimentamos de mil maneras para que conscientemente decidamos si queremos seguir con ellas o cambiarlas, y una vez que nos decidimos a cambiarlas, hay que estar con los ojos bien abiertos para poder verlas, frenar y hacer algo diferente a lo que hacíamos antes. Ya que lo logramos, siento que la vida nos vuelve a poner lo mismo en frente como si fuera un examen, para ver si de verdad estamos listos para cambiarlo y hacemos algo diferente o volvemos a lo mismo de antes. Si pasamos el "examen", el Universo dice: "Ok, ahora sí ya está listo y esta experiencia ya no le sirve, entonces ahora le mando más de las que sí quiere".

Esto por ejemplo es superclaro en relaciones, cuando siempre escoges el mismo tipo de pareja hasta que te das cuenta de que de verdad ya no quieres eso y que ya aprendiste, entonces cortas y buscas a alguien diferente, pero la vida te vuelve a poner en frente al mismo tipo de persona que antes para ver si te late o si de verdad ya no. Si pasas y no andas con esa persona, el Universo ya te manda otro tipo de prospecto y ya no vuelves a encontrar otro como los de antes, ¿te suena?

Otro ejemplo que me encanta es uno que me dio María José Flaqué de Mujer holística. No es que yo sepa jugar beisbol, pero ¿ubicas las máquinas que lanzan constantemente pelotas que se usan para aprender a jugar? La máquina va lanzando pelotas y tú tratas de batear las más que puedas para practicar. Si no las bateas se van quedando cerca de ti y las que bateas se van de regreso. Bueno, pues ella dice que la vida es como esa máquina que nos va lanzando pelotas constantemente y estas son las diferentes creencias para que nosotros decidamos cuáles queremos batear de regreso y cuáles nos queremos quedar.

Entonces, puedes dejar pasar estas pelotas porque te gustaron, para acumularlas y que vayan formando tu presente y futuro, o puedes regresarlas porque no te gustaron. Pero el chiste está en que aquí también influye si vives con conciencia, porque por lo general son tantas y vienen tan rápido que no siempre las distingues con claridad.

Me he dado cuenta de que en las rachas en las que estoy centrada y viviendo con conciencia puedo ver venir esas creencias como Neo, el personaje de la película *Matrix*, que ve pasar las balas en cámara lenta para esquivarlas. Pero cuando tengo una racha medio distraída o de esas intensas en las que estoy supermetida en la vida, de repente me cacho reaccionando o resistiendo algo, y ahí es donde vale la pena revisar si hay una creencia limitante o una emoción atorada que no me deja avanzar tan fácil, para ver si quiero seguir igual o prefiero cambiarla por otra.

Ahora, eso está padrísimo, pero ¿qué pasa con todas las creencias que ya tenemos porque consciente o inconscientemente llegaron a nosotros? No te preocupes, como te decía, todas se pueden cambiar y haremos un ejercicio que ayudará a liberarte de las que ya no quieres.

Es un proceso en el que hay que poner mucha atención, pero te vas a dar cuenta de que en el momento en el que estás listo para soltarlas o cambiarlas, la vida te va poniendo situaciones para que veas esas creencias con claridad y que observes cómo reaccionas y así puedas cambiarlas. El chiste está en mantenerte abierto y observando para que aproveches esas oportunidades al máximo y escojas reaccionar diferente.

Es como si el Universo te dijera: "Oye, a ver, ¿qué onda con esto? Tú me dijiste que ya querías cambiar, que ya no te ibas a fijar en el mismo tipo de persona o que ya no ibas a estar en el mismo tipo de trabajo o que ya no ibas a tener la misma actitud negativa. Ahí te va una bolita de estas, una situación para que tú conscientemente decidas cómo vas a reaccionar". Y ahí es cuando hay que aprovechar para ver de forma consciente las bolas venir a ti.

Mucha gente me dice: "Bueno, pero esto para ti es muy fácil porque ya estás en esto, ya llevas mucho tiempo". Y la verdad es que esto siempre es un proceso en el que vamos descubriendo creencias que tenemos que ya no nos sirven y que queremos cambiar, yo también tengo épocas en las que me aferro a cosas que ya no me funcionan, es normal. Creo que es parte de ser humanos y de ir creciendo en el camino.

Hace poco le dije a mi esposo que por primera vez en mucho tiempo me sentía yo otra vez, porque el año pasado me sentí un poco perdida y negativa, como que me faltaba estar en mi centro. Sin embargo, en ese momento algo en mí hizo clic y regresé. Me di cuenta de que había estado supernegativa, distraída, con mil cosas, que no me había estado valorando, y hace unos meses decidí cambiar eso y aunque me tomó algo de tiempo que el cambio encajara, de pronto sucedió.

Muchas veces no podemos cambiar las situaciones de afuera, pero sí podemos cambiar la manera de verlas, de responder y de pensar en esa situación. Entonces, en el momento en el que te caches entrando en este torbellino que crea la mente sin darte cuenta de en qué momento llegaste, tienes dos opciones. Una es seguir igual porque "más vale viejo por conocido que bueno por conocer"; la otra es decidir qué quieres realmente y cambiar la forma en que ves esto y hacer algo diferente. Ahí es cuando bateas la pelotita y ahora la intercambias por una que tú quieras.

¿Cómo me gustaría afrontar esta situación? Acuérdate de que nosotros podemos elegir, cuando estamos conscientes, si queremos vivirlo desde el lado del miedo o desde el amor. Quédate con las creencias que te impulsan y te ayudan a empoderarte, con las que te ayudan a saber que por algo estás aquí y que lo que vienes a aportar nadie más lo puede hacer por ti.

Por muchos años creí que cambiar una creencia tomaba mucho tiempo y esfuerzo justo por estar tan profundamente grabadas en mí, hasta que empecé a cambiar la palabra *creencias* por *puntos de vista* y lo sentí muchísimo más ligero. Si las ves como puntos de vista las puedes cambiar más fácil porque se vuelven menos sólidas, y si te fijas en un día siempre puedes cambiar de opinión sin problema, ¿no crees? En lugar de tomar tanta energía y esfuerzo para transformarla, ahora estoy muy presente, y cuando veo esa situación en mi realidad elijo algo diferente y eso empieza a cambiar. Una elección a la vez.

EJERCICIO: UNA MIRADA FRESCA

Ahora quiero hacer un ejercicio contigo para poder transformar todas estas creencias que ya no te sirven y dejarlas atrás, y sobre todo cambiarlas por creencias nuevas que te ayudarán y te impulsarán.

¡Yo sé que puedes hacerlo!

Aquí abajo encontrarás un espacio con varias columnas. En la primera vas a anotar las creencias que identifiques que tienes tras un proceso de introspección. La segunda es para tratar de entender de dónde vienen, a qué personas les pertenecen. En esta columna vas a escribir cualquier creencia que escuchaste o que absorbiste de alguna forma mientras estabas creciendo. Como te decía, puede venir de tus papás o de alguien alrededor de ti. Si puedes, durante estos días obsérvate sobre todo alrededor del dinero, del amor, del trabajo, de las diferentes áreas de tu vida. En la tercera columna escribe las que sí quieres conservar, le vamos a poner de título "Mis propias creencias"; aquí vamos a polarizar todas las creencias y las vamos a transformar en lo que sí queremos.

Por ejemplo, si la creencia que cachaste en ti es que "todas las relaciones son problemáticas", vamos a escribirla en la primera columna. Después vamos a tratar de ir para atrás en la película de tu vida para tratar de ver, sin juzgar, qué era lo que decían a tu alrededor de las relaciones en tu infancia, tal vez veías a tus papás discutir, entonces lo escribes en la segunda columna. Ahora, en la tercera columna, vamos a transformarla por una que sí quieras, por ejemplo: "Es fácil para mí tener una relación de pareja en la que sienta amor y me sienta en paz".

CREENCIAS QUE DESCUBRÍ QUE TENGO	¿DE DÓNDE CREO QUE VIENEN?	¿CUÁLES SÍ QUIERO TENER?
Ej: Todas las relaciones amorosas son problemáticas	Ej: Me lo decían mis papás cuando era niña y preguntaba por qué peleaban	Ej: Es fácil para mí estar en una relación de pareja en la que me siento feliz, amada, aceptada, contenida, valorada y puedo comunicarme fácilmente

Creer que todo es posible te abre las puertas a una vida plena y feliz. Abre también tu mente a encontrar nuevas posibilidades; despierta tu lado creativo; crea diferentes conexiones en tus neuronas, que se vuelven más eficientes; despierta a tu sistema parasimpático y te ayuda a disfrutar cada momento.

Lo que crees, crea tu realidad,
es cuestión de que te lo creas.

El tiempo

El otro día me mandaron un video de Jay Shetty en el que decía que qué pasaría si todos los días te depositaran en tu cuenta de banco 86 400 pesos, los cuales desaparecieran al final del día los usaras o no. ¿Aprovecharías cada centavo o lo desperdiciarías? Creo que la respuesta de todo mundo es: "¡Obvio sí los aprovecharía!". Y ¿en qué los usarías? La mayoría contesta: "En viajar", "En cumplir mis sueños", "En disfrutarlo con la gente que quiero", etc.

Esta es la cantidad de segundos que tiene un día. ¿Por qué cuando se trata de dinero queremos aprovecharlo al máximo y usarlo para las mejores cosas, pero cuando se trata de tiempo no lo valoramos tanto? El dinero va y viene, el tiempo es lo único que nunca regresa, no importa si lo aprovechaste al máximo o no.

Tenemos esta necesidad de estar ocupados y nos encanta decir que no tenemos tiempo para nada, sobre todo para las cosas que disfrutamos. Se nos olvida que somos quienes decidimos cómo queremos invertir nuestro tiempo. Todos tenemos las mismas 24 horas todos los días y lo que decidas hacer con ellas lo escoges tú, pero ¿realmente lo estás escogiendo o estás dejando que pase el tiempo sin observarlo, valorarlo y disfrutarlo?

Quizá te preguntarás por qué hablo del tiempo en un capítulo sobre la mente y justo después de hablar de creencias, y es porque lo que creemos con respecto al tiempo se vuelve una realidad.

No sé si te has dado cuenta, pero el tiempo es bastante "elástico", a veces una hora puede pasar como si fuera un segundo o puede parecer que dura una eternidad. Todo depende de ti y de qué tanto te está gustando lo que estás haciendo con él. Elige entre seguir creyendo que tienes que estar ocupado y que no tienes tiempo para nada o hacer algo diferente y estirarlo para hacer todo lo que disfrutas, quieres y más.

Algo que me dicen mucho las personas que vienen a mis sesiones es que no tienen tiempo para conectar consigo mismas porque tienen muchas cosas que hacer. Creo que desde que tenemos el celular en la mano podemos "multitaskear" y podemos hacer mil cosas al mismo tiempo. Pero lo que pasa en realidad es que muchas veces estamos haciendo las cosas a la mitad, porque no estamos tan presentes y tardamos el doble en terminar algo, y entonces sí no nos da tiempo de muchas cosas. Mucho de nuestro tiempo se va en las redes sociales o en cosas que al final no importan tanto. Por ello hay que replantearnos la idea del *multitasking*. ¿Estamos haciendo más cosas o estamos haciendo cosas a la mitad y tardándonos el doble de tiempo? ¿Qué tan eficaces vuelve tus actividades tu celular? ¿Realmente te ayuda o lo haces más rápido sin él? ¿Cuánto tiempo extra tardas en el baño cuando tienes el teléfono?

A mí, por ejemplo, muchas veces me cuesta trabajo concentrarme, entonces empecé a trabajar en la noche porque tenía la creencia de que "a esa hora nada, ni nadie me distrae, yo manejo el tiempo como yo quiera y me rinde muchísimo", y sí, la verdad hago cosas en una noche que de día me tardaría probablemente toda la semana. Pero ¿qué pasaría si apago mi celular en el día, elimino mis distracciones y conscientemente me pongo tiempos para hacer cada cosa? Toda mi energía estaría en terminar eso que quiero y lo haría mucho más fácil y rápido.

¿Qué hay de la concentración? ¿Tienes espacios sin distracciones para que rinda más tu tiempo? El tiempo es solo un recurso, lo que le da forma es la idea que tienes de él, pero eso se puede cambiar muy fácil porque es solo tu percepción y tú decides lo que quieres que sea. Todos tenemos 24 horas, ¿cómo harás rendir tus 86 400 segundos para incluir cosas que ames y te expandan? Tú eliges el tiempo que le das a cada cosa, entonces no corras, disfruta y trata de no distraerte.

Muchas veces vivimos peleados con el tiempo, porque no es suficiente o porque no salen las cosas cuando las queremos, sin darnos cuenta de que eso también puede ser un cambio en el camino en la dirección correcta. No sé si te ha pasado que volteas hacia atrás en tu vida y entiendes por qué algo no hubiera podido suceder antes. Se nos olvida que la vida con sus altos y bajos es perfecta y dejamos de confiar en ella y en nosotros mismos, sabiendo que hacemos equipo con ella para lograr nuestras metas. El tiempo es más que suficiente cuando eso es lo que quieres y cuando lo sabes aprovechar. Cuando vives en el momento y das cada uno de tus pasos con alegría. Cuando lo "estiras" con afirmaciones como "Tengo todo el tiempo que quiero para hacer este proyecto o para disfrutar a mi familia" o con preguntas como "¿En dónde se requiere mi atención hoy?" o "¿Qué puedo incluir aquí que lo haga más disfrutable?".

Frena un poquito para preguntarte: ¿en qué sientes que se te va el tiempo? ¿Qué porcentaje de tu día pasas en el trabajo, con tu familia, haciendo algo que disfrutas, en el tráfico, etc.? Y ahora pregúntate si esos porcentajes van de acuerdo con tus prioridades y lo que quieres o no. ¿Hay algo que quieras cambiar para sentir que en lugar de que el tiempo se te vaya haciendo cosas, lo inviertes en algo que valoras? ¿Qué puedes cambiar para que tengas tiempo de hacer lo que en verdad quieres hacer y sentirte más pleno? Elige dedicarles el mayor tiempo posible a las cosas que te hacen realmente feliz porque para eso estás aquí, y si pasas 80% del día encerrado en un trabajo que no te gusta, casi todos los días, quiere decir que casi 80% de tu vida no estás siendo feliz, cuando podrías serlo.

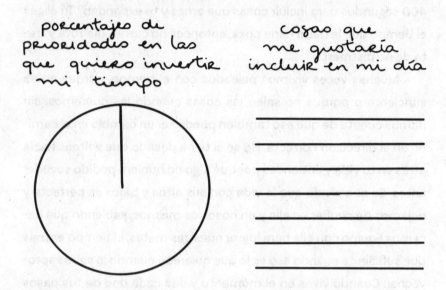

porcentajes de prioridades en las que quiero invertir mi tiempo

cosas que me gustaría incluir en mi día

Te dejo aquí este espacio en el que puedes escribir tu lista de actividades en este momento para que tengas un poco más de claridad de en qué se te va el tiempo hoy, tu lista de en qué te gustaría invertir tu tiempo y un círculo que puedes usar como gráfica de pay para dibujar cómo quieres ahora invertir el tiempo de tu día con las prioridades que quieres tener. Anota también si hay algún cambio que puedas hacer en tu día para aprovechar ratos que parecen desperdiciados, como el tráfico, para hacer algo que quieras, como hablar con la gente que quieres, cantar y divertirte o escuchar un podcast o una clase que quieres tomar.

cosas en las que se me va el tiempo durante el día

cosas en las que quiero invertir mi tiempo

Tips prácticos para disfrutar, aprovechar y estirar el tiempo en tu día a día:

1) Escribe tu lista de prioridades en el orden en que la tienes ahorita, dependiendo de cómo repartes tu día, y otra lista nueva en la que escribas las prioridades que quieres tener. Haz tiempo en tu agenda con porcentajes para cada una de esas prioridades en tu día a día y crea el hábito de vivirlo así.

2) Cuando estés pensando en mil cosas, haz una lista para descargar lo que traes en mente o cosas que quieras lograr en tu día. Así te aseguras de que tu memoria RAM ya no lo

está procesando y puedes concentrarte más fácil en lo que te toca ahorita, sabiendo que no se te olvidará porque ya está en tu lista. Esto también funciona cuando es hora de dormir, pero estás pensando en los pendientes del día siguiente; anótalos en una lista para que tu cerebro descanse tranquilo sabiendo que ya no se le olvidarán. Después acomódalo en una matriz de Eisenhower que te ayuda a tener mucha más claridad con lo importante, no importante, urgente y no urgente.

3) Sé más productivo. Encuentra un lugar sin distracciones, pon tu celular en modo avión por un ratito y usa el método Pomodoro: pon una alarma de 20 o 40 minutos para enfocarte en lo que tienes en frente. En el momento en que suene la alarma descansa cinco minutos y sigue con otro bloque igual. Usa afirmaciones para estirar el tiempo. Nuestras creencias y pensamientos forman nuestra realidad. Crea una afirmación con tus propias palabras que puedas usar cada vez que pienses que no tienes tiempo para nada. Cuando pienses en ello di: "Cancelado", y luego tu afirmación: "Tengo todo el tiempo que necesito y más", por ejemplo.

4) Si te gustan los ángeles, hay un arcángel que también puede estirar el tiempo con que se lo pidas. Se llama Arcángel Metatrón. Sí, así se llama, y entre otras cosas ayuda a estirar el tiempo y transformar la manera de ver las cosas. "Arcángel Metatrón, por favor ayúdame a estirar el tiempo y a tener productividad para que pueda acabar esto en el tiempo en el que tengo que hacerlo".

Los cambios

¿Eres de los que se asustan y paralizan con los cambios o de los que se emocionan con ellos y sus posibilidades? Creo que yo soy de ambos. Esto también tiene que ver con tus creencias y lo que aprendiste de pequeño, y también se puede transformar.

Yo era de esas personas a las que les encantaba estar en lo conocido y seguro, incluso en muchas de mis elecciones sigo yéndome por ese tipo de caminos. Una de las cosas que más me daban miedo y me paralizaban eran los cambios. Pero de un tiempo para acá he elegido transformar mi perspectiva de los cambios y eso ha hecho que todo fluya con más facilidad. Hoy sé que la única constante en la vida es el cambio, de hecho si nos vemos muy técnicos, nunca volvemos a ser la misma persona que fuimos minutos antes porque nuestro cuerpo ya cambió a nivel microscópico, pero sobre todo por las infinitas posibilidades que existen de poder escoger algo cada 10 segundos.

Te invito a ver el cambio como una de las experiencias más enriquecedoras en la vida.

Nos hace crecer y aprender cosas nuevas, nos abre a posibilidades que jamás nos imaginamos. Parte de ser humano es buscar siempre crecer, pero para poder seguir avanzando es básico poder soltar lo que fue, sin aferrarnos —así como la naturaleza cambia de estación y se transforma por completo fluyendo— para poder recibir o crear algo mucho mejor. El cambio es parte de nuestra experiencia de vida.

Su único problema es el miedo que genera y la idea que tenemos de que es difícil. No digo que la estabilidad o seguridad que te da la rutina o lo conocido sea malo, al revés, también creo que es otra necesidad del ser humano. Lo que sí creo es que, si le quitamos la energía negativa a la idea de cambiar, todo sería más fácil.

Los cambios pueden ser fáciles o difíciles según los lentes que nos pongamos, pero no lo son por sí mismos, sino solo en nuestro interior por la elección de cada uno y la manera en que nuestra percepción se transforma.

Algo que a mí me ha servido es ver los cambios como oportunidades. Al verlos así toda su energía se transforma en algo mágico, increíble, positivo y hasta algo que se me antoja.

Trata de ver los cambios así y de fluir con ellos para que se den de forma más amigable, sin aferrarte a nada y viviéndolos con todos tus sentidos y todo lo que eres. Disfruta de sentir las emociones que lo acompañan, pues entre más te resistas más se complica, en cambio cuando simplemente te abres a vivirlo, pasan muy rápido. No importa si es tristeza, frustración o alegría. Siéntelas tal cual llegan a ti y disfruta del camino.

Te comparto unas afirmaciones que me sirvieron muchísimo en mis épocas de cambios más fuertes. Modifícalas y hazlas tuyas, usando tus palabras, para que sean todavía más poderosas para ti:

- "Todos los cambios en mi vida son positivos y para mi más alto bien. Fluyo, confío y sé que todo está bien".
- "Avanzo con pasos firmes sabiendo que todo está bien en mi futuro. Me siento segura y en paz".
- "'Solo por hoy' doy este paso y 'solo por hoy' tomo esta acción chiquita hacia el cambio". Así los cambios se vuelven mucho más amigables y vas dando pasos con mucha más confianza.

Repitiendo estas afirmaciones te aseguras de que sea cual sea el cambio, te va a traer toda la alegría y felicidad porque son para bien.

Los cambios en tu vida pueden traer lo mejor, especialmente si así lo crees.

EJERCICIO: CALMANDO AL CHANGUITO MENTAL

Como ya lo platicamos, a la mente le encanta preocuparse y multitaskear, es muy normal que de repente lleguemos a estos estados en los que nos sentimos abrumados y revueltos, pero aquí te dejo algunas cosas que me han funcionado muchísimo para avanzar en esos momentos.

- Metas y folders: Lo que pasa es que como la mente está multitaskeando, empieza a revolver cada una de las cosas que tienes en la cabeza y empieza a mezclarlas haciéndolas un todo en lugar de separarlas por categorías. Si algo comienza a abrumarte puedes sentarte a escribir para organizar todo lo que tienes en la mente por categorías o por "folders". Esta es una técnica que me enseñó mi terapeuta, a quien adoro y me ha ayudado muchísimo en la vida, porque sí soy la típica que mezcla todo lo que vivo y de pronto lo siento como una carga gigante.

- Después de separarlos por temas me doy cuenta de que quizá son solo cinco folders que se mezclaron y cada uno lo puedo dividir en pasos chiquitos y concretos que sean más fáciles de hacer y me regresan a estar en paz.

- Puedes hacer el mismo ejercicio para crear algo que sientes que es muy grande o importante. Escribe los temas que se requieren para alcanzar esa meta y esos folders, divídelos en pasos chiquitos y fáciles de dar, que no te intimiden, para que puedas hacer uno o varios cada día y avanzar hacia tu meta.

- Racional y sensorial: Algo que también me sirve muchísimo es entender que el cerebro también tiene dos maneras de funcionar. La parte racional y la sensorial, y cuando una de las dos está prendida, la otra no puede prenderse. Solo puede haber una de las dos funcionando en ese instante. Varias veces cuando estamos dándole vueltas en la cabeza a algo y nos sentimos abrumados o preocupados podemos desconectarnos de eso en un instante, apagando el lado racional y prendiendo el sensorial.

- Si ponemos atención a algo que estamos sintiendo en la piel, por ejemplo, si agarramos una taza de café calientito y sentimos lo que pasa en nuestro cuerpo cuando nos lo tomamos, nos desenganchamos de la parte racional y entramos en la parte sensorial, y entonces desconectarnos y cambiar la función de nuestro cerebro hace que también podamos ver las cosas desde otro punto de vista.

- Cuando te sientas abrumado, trata de hacer algo sensorial, sal a tomar el sol, siente algo frío, como un refresco, o tómate un café caliente. ¿Ubicas cómo hacemos este tipo de cosas en automático cuando nos sentimos estresados? Salimos por algo de tomar, a caminar, respirar o fumar (ojo, no digo que fumar sea bueno, eh) y al conectar con eso nos desconectamos de los problemas y conectamos con nosotros mismos, ¿te ha pasado?

- Herramientas rápidas:
  1) **Empieza tu día con algo positivo.** Puede ser dándole una intención positiva, leyendo

algo que te inspire, meditando, haciendo ejercicio al despertar... algo que sea como un regalito para ti, algo positivo que te deje sintiéndote muy bien.

2) **Ponle una intención a cada una de las cosas que hagas.** A cada proyecto, a cada reunión, a cada momento de tu día para que lo puedas ir transformando y te puedas sentir más productivo y mucho más feliz.

3) **Te recomiendo tomar tres decisiones conscientes cada día.** Puede ser desde algo que parezca pequeño como tu ropa o escoger conscientemente qué comer. Actúa con conciencia, no decidas en automático.

4) **Pon atención a tus creencias y mantente presente para cacharte cuando lleguen y cambiar las que no te sirven por unas nuevas.** Haz el ejercicio para que sea más fácil.

5) **Crea decretos y afirmaciones.** Atrae eso que tanto quieres a tu vida con la fórmula de este capítulo.

6) **Ponte a ti primero este mes.** Haz algo que disfrutes cada día aunque sea algo pequeño para crearte el hábito de ponerte como prioridad.

7) **Extras:** Dentro de la página Descubre tu luz te voy a dejar el poderoso ejercicio para romper con miedos y creencias que se llama *The Work* de Byron Katie, del que ya hablamos. También te voy a dejar algunos videos de los experimentos de Masaru Emoto para que puedas revisarlos y hacerlos en tu casa si tú también quieres. Asimismo encontrarás otro ejercicio para ordenar tus prioridades y otro con resoluciones para ayudarte a crear hábitos en un mes.

EL CUERPO

En temas del cuerpo físico puedo decir que no soy ninguna experta, pero al mismo tiempo sí trato de estar lo más conectada posible con el mío. Sé que suena como una contradicción, pero no lo es y hay una explicación.

Soy de esas personas medio raras que durante la mayor parte de su vida no comió ni frutas ni verduras (bueno, mi mamá dice que durante mi primer año sí comía, pero les dije adiós por 34 años y cacho), por eso digo que no soy experta en el tema. A pesar de ello sé que es de las partes más importantes que nos conforman y sin ella simplemente no podríamos vivir en esta tierra.

Con todo y todo, procuro escuchar a mi cuerpo y he aprendido a aceptarme y a vivir feliz con el cuerpo que tengo, que considero increíble (aunque como todos, a veces tengo mis subidas y bajadas normales), porque además de ser el medio a través del que puedo vivir y experimentar este mundo, siempre ha sido muy sano y fuerte, aun cuando varias veces no lo he tratado muy bien. Creo que mucha de esa salud se debe a las herramientas que te compartiré en este capítulo. Al final de todo, el cuerpo es en gran parte también un reflejo de nuestras creencias, emociones y energía.

Piensa en tu cuerpo como si fuera tu casa: no solo es tu espacio vital en el que disfrutas mucho estar y es un reflejo de todo lo que eres, también hay que darle su mantenimiento. Hay que ordenarla, cuidarla, ponerla bonita.

Estamos acostumbrados a compararnos con todo mundo, y además con imágenes que cada quien ha creado acerca de su cuerpo y de su vida. El mundo nos ha explicado lo que "es" la belleza, y el marketing, sobre todo, se ha encargado de decirnos lo que es bonito y lo que no, así como lo que hay que hacer para alcanzarla.

El hecho de que nuestro cuerpo sea muchas veces la manera en la que otros nos perciben, porque es lo único de nosotros que sí pueden ver, pone mucha presión sobre él con críticas, juicios y comparaciones. Esto pasa sobre todo cuando nos enfocamos en juzgar a nuestro cuerpo con el concepto de belleza que tenemos y no valoramos la salud que tiene y todo lo que hace por nosotros todos los días para que podamos existir.

Desde mi punto de vista, el cuerpo es literalmente un milagro, la cantidad de cosas que tienen que pasar solo para que nos despertemos en la mañana es infinita, y eso es solo despertar, porque tenemos miles de actividades cada día. Además de todo lo que hacemos conscientemente, hay miles de procesos inconscientes que hacen que el corazón lata, que podamos respirar, etc. ¿No es increíble?

Lo que pasa es que no nos paramos a pensar en esto, simplemente lo damos por hecho y no lo valoramos. Ahora que lo haces consciente, ¿no cambia tu percepción de tu cuerpo?

EJERCICIO: APAPÁCHATE

Deja de leer un instante para darle las gracias a tu cuerpo por todo lo que hace por ti y date un abrazo para reconocerlo.

El cuerpo es un reflejo de tus emociones, pensamientos y creencias

A lo largo de mi vida he aprendido muchísimo y me he enfocado 100% en la parte de las emociones, de la mente, en la espiritual, pero la parte del cuerpo la fui dejando a un lado.

Siempre di por hecho que como mi cuerpo estaba sano, no necesitaba mayor atención. No soy alguien muy deportista, de hecho, aunque he mejorado mucho, prefiero mil veces dormir rico y descansar que hacer ejercicio, porque pienso que "no es algo que se me dé con facilidad". ¿Te fijas cómo yo también tengo mis creencias limitantes? Siempre podemos seguir transformando para crear más.

Cuando mi esposo y yo tratamos de embarazarnos la primera vez, ahí fue donde el tema del cuerpo me empezó a pesar mucho más y comencé a sentirme incómoda con las decisiones que estaba tomando. Me gusta aprender para entender más de las cosas que estoy viviendo y en esa época me encontré con el libro *WomanCode* de Alisa Vitti, que les recomiendo muchísimo a todas las mujeres. Está muy enfocado en el increíble cuerpo de la mujer, sus hormonas y su perfecto funcionamiento. Empecé por un libro así porque quería aprender más de las hormonas y cómo funcionaban para ver si había algo en lo que le pudiera ayudar a mi cuerpo en el tema de fertilidad. Así fue como mi interés por el cuerpo empezó. Pero, así como a mí me llegó por ese lado, creo que a la mayoría de la gente le toca aprender de su cuerpo en algún momento.

Trataré de no clavarme mucho porque soy cero experta, pero te platico un poquito lo que aprendí en esa etapa que me impresionó y me ayudó a cambiar mi perspectiva y mi salud de muchas formas.

Los efectos del estrés en nuestro cuerpo

La vida de hace miles de años tiene poco que ver con la vida que vivimos hoy. Nuestros antepasados vivían en contacto constante con la naturaleza y la probabilidad de toparse con un animal peligroso era enorme porque eran parte del entorno. Por eso nuestro cuerpo tiene diferentes mecanismos para defendernos y poder sobrevivir, como el estrés.

Como te decía, no soy ninguna experta, pero cuando empecé a investigar leí que, cuando nuestro cuerpo recibe una señal de alerta el cortisol y la adrenalina aumentan como parte de un mecanismo de defensa. Es por esto que en situaciones que nos estresan, como mucho tráfico o un mail del jefe, nuestro cuerpo sigue reaccionando como si tuviera a un león enfrente y tuviera que darnos las herramientas para salir corriendo o pelear. Antes toda esa energía se usaba para defendernos, y después de eso regresábamos a resguardarnos y descansar por el resto del día, lo que le daba chance a nuestro cuerpo de regularse y soltar todo.

En teoría, este efecto tarda entre 20 y 60 minutos en salir de tu cuerpo, pero ¿qué pasa cuando a lo largo del día se te presentan distintas situaciones de estrés? Las glándulas suprarrenales generan un esfuerzo tal que de ahí viene el cansancio crónico que sentimos la mayoría de nosotros todo el tiempo, y esto a su vez nos provoca antojos.

Existen dos tipos de estrés: el estrés agudo (momentáneo, que es el que acabamos de ver, por ejemplo, el que sientes en un temblor) y el estrés crónico (acumulado). Este último es el típico que tenemos después de un periodo de mucho trabajo, alguien enfermo en nuestra familia, preocupación por dinero y ese tipo de cosas que no son de un instante, sino que duran un tiempo.

Me sorprendió todo lo que le estaba haciendo a mi cuerpo, porque además me di cuenta de que siempre había vivido cansada, por más que durmiera las horas que durmiera. Al leer este libro e investigar un poco más, me animé junto con mi hermana, que es *health coach* y yogui, a salir por completo de mi zona de confort y a hacer un detox de 30 días, al que después se sumó mi esposo porque vio los efectos tan increíbles que tuvo en mí, así que acabé logrando 60 días súper intensivos.

Lo que me encantó de ese detox fue que se trataba de alinear nuestro cuerpo, mente y energía, entonces te mandaban una serie de ejercicios, algunas meditaciones y un menú superbalanceado que hacía que tu cuerpo volviera a tener confianza en lo que le estabas dando de comer y se relajara y regresara a funcionar perfecto. Solo me animé porque lo vi muy completo y porque mi hermana me ayudó.

Durante esos 60 días, la verdad es que sí extrañé el chocolate diario, pero uní muchísimo mi cuerpo, mente y energía para poder lograrlo. Aplicaba el "solo por ahorita" escojo comer mejor y comía algo de lo que venía en el menú o tomaba más agua. También uní la parte espiritual y les pedía a mis angelitos que desviaran mi atención de lo "no tan sano" y que se me antojara solo lo que me hacía bien. También pensaba en la razón de fondo por la que estaba haciendo el detox, que era sentirme más sana y embarazarme más fácil. Al tener una intención fuerte para hacerlo, era más fácil lograrlo.

Creo que era una mezcla interesante de cosas, pero mi punto es que combinando todo lo que soy fue como lo logré y, mientras más resultados veía, más me motivaba a seguir. Empecé a dormir y descansar delicioso, sin ningún tipo de problema, de ese sueño profundo en el que descansas y del que nada te despierta, no un sueño ligero del que si pasa un coche por afuera de tu ventana o hay algún ruido en el cuarto te despiertas.

Y así me di cuenta del impacto que tiene la comida sobre mi cuerpo: experimentándolo. Después de eso no me volví vegana y claro que volví a comer chocolate, pero sí adquirí más conciencia sobre lo que como para escoger lo mejor cada que se puede.

Nosotros regresamos a la "normalidad", pero adaptamos en esa normalidad cosas que nos funcionaron porque nos sentimos superbién haciéndolas.

Por ejemplo, nos sentimos tan bien que mi esposo y yo decidimos incluir en nuestro día a día los jugos verdes o smoothies. Se volvió nuestro desayuno por lo menos entre semana por práctico y saludable. Yo descubrí que en jugo no me cuesta tanto trabajo tomar frutas y verduras, así que sé que por lo menos ahí entran muchos de los nutrientes que necesito ese día. Así también empiezo haciendo algo bueno por mí y me echo porras por haberlo logrado al principio del día.

Otra cosa fue aprender a preguntarle a mi cuerpo qué se le antoja comer en lugar de comer en automático. Si se me antoja un chocolate y de verdad mi cuerpo me lo está pidiendo, claro que con gusto me lo regalo, no pasa nada, pero he aprendido a escucharme más. Este ejercicio de preguntarle a tu cuerpo qué quiere comer se llama comer intuitivamente. Aprender a comer intuitivamente hace que realmente conectemos con nuestro cuerpo, que estemos muy al pendiente de lo que necesita y que tengamos una mejor salud y relación con él.

Si te late, puedes hacer este experimento en tu propio cuerpo: cuando se te antoje algo frena un instante y en lugar de metértelo a la boca inconscientemente le preguntas: "¿Cuerpo, se te antoja realmente esto o se te antojaría algo más?".

Hazle caso a lo primero que venga a tu mente.

Si sales a comer a algún restaurante haz lo mismo, cuando estés viendo el menú, conecta un poco con tu cuerpo y pregúntale qué quiere comer, lo que más te llame la atención del menú eso es. Muchas veces va a ser lo que pensabas, pero otras te vas a sorprender.

También aprendí que muchas veces cuando se te antoja algo muy seguido, lo que tu cuerpo necesita es algo de fondo que tiene esa comida. Por ejemplo, en ocasiones queremos chocolate porque nos falta magnesio. Aquí te dejo esta gráfica por si te ayuda:

ANTOJO	PROPIEDADES	SUSTITUTO
chocolate	antioxidantes y magnesio	cacao, chocolate oscuro sin leche ni azúcar, frutos secos, semillas, aguacate y plátano
pan	aminoácidos	quinoa, frutos secos, pescado y huevo
café	energía	té verde, licuado de frutas

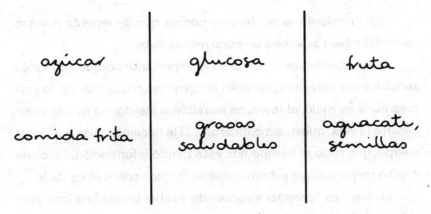

| azúcar | glucosa | fruta |
| comida frita | grasas saludables | aguacate, semillas |

Un buen tip para saber si tu cuerpo realmente quiere algo es probarlo, porque algunas veces creemos que queremos algo y cuando lo probamos no nos sabe mucho, como si hubiera perdido su sabor, eso también es tu cuerpo diciéndote que eso no es lo que quiere. Lo que quiera te va a saber delicioso aunque no sea lo típico que escogerías.

Todo está conectado

Creo que estos temas del detox, la salud general, el cuerpo y el estrés son muy buenos ejemplos de cómo todo está conectado. A veces, cuando el cuerpo empieza a cambiar, engordando o enfermándose por algo que nos preocupa o por alguna emoción atorada, es importante aprender a conectar con él y con todo lo que somos, para saber realmente cómo vamos.

Muchas veces con hacer un detox de pensamientos, personas, redes sociales o energía negativa el cuerpo también empieza a desintoxicarse y desinflamarse. Esto se nota mucho más sobre todo cuando vamos conectando con nuestras emociones y la parte espiritual porque despertamos toda la sensibilidad que tenemos, que es una herramienta increíble, y es normal que de repente nuestro cuerpo también se vuelva un poco más sensible.

La sensibilidad es un tema superimportante porque entre más sensibles nos volvemos, también el cuerpo va reaccionando, lo cual para nada es malo, al revés, es increíble, e insisto, no quiero complicarte la vida, quiero simplificártela. Si le hacemos caso a nuestro cuerpo, que todo el tiempo nos está dando información, funciona mucho mejor, porque sabemos qué es lo que necesitamos darle.

El chiste es aprender a conocerte y saber lo que funciona *para ti*. Trata de ir reconociendo a través de tu intuición y de estar presente qué es lo que eso significa para ti.

Emociones y cuerpo

Quiero contarte una historia que me pasó. Cuando empecé a conectar más con la intención de escuchar los mensajes de los ángeles volví a despertar mi sensibilidad, que siempre había estado presente pero que antes trataba de apagar; tras hacer esto mi cuerpo también se volvió más sensible y empezó a percibir mucho más.

En ese momento yo trabajaba en una oficina y me tomaba dos vasos grandototes del café que vendían en la esquina y, sin darme cuenta, vivía con una especie de presión en la parte de arriba de la cabeza, conocida como coronilla. Yo no sabía que esto ya era algo constante, porque eran de ese tipo de mini "achaquitos" diarios que ya ni siquiera te das cuenta de que los tienes, y cuando empecé a meditar y a trabajar con esta energía me pidieron que dejara el café por un tiempo.

Al principio pensé que iba a ser muy difícil porque el sabor del café me fascina y, según yo, no tenía ningún efecto en mí, pensaba que podía tomar una taza de café e irme a dormir a los cinco minutos sin ningún problema. No me había dado cuenta de este dolorcito o presión que tenía en la cabeza. El punto es que dejé el café por un mes. Fue un gran reto y tuve que hacerlo día por día, diciéndome que era "solo por hoy" (como cuando hice el detox) o "solo por ahorita", con la intención de conectar más con los angelitos.

Por otro lado, me di cuenta de que tenía asociado el café con "tener un ratito para mí". Era como el pretexto para desconectarme un poco de la chamba, como quienes salen a fumar, así que traté de cambiar en mi mente la idea de que el café era igual a mi rato de conexión conmigo y lo cambié por una taza de té o un vaso de agua y ahora conecté esa emoción, de paz de estar conmigo, con el vaso de agua o el té, y salía a caminar mientras me lo tomaba, dándome ese espacio para respirar y estar conmigo.

Es increíble que necesitemos un pretexto como ir por un café o el cigarro para poder salir cinco minutos de la oficina y que sintamos que está justificado, ¿no? ¡Qué impresionante que vivamos en un mundo en el que socialmente está más aceptado fumar o estar ocupado que tener un ratito para ti! Lo más cañón es que si te das esos cinco minutos de despejarte te vuelves mucho más productivo. Creo que está en nosotros ir cambiando poco a poco y contagiando estos nuevos hábitos a los demás.

En fin, lo que pasó fue que como a las tres semanas de dejar el café, un día me desperté y dije: "¡Wow, me siento muy bien!". Sentía que podía pensar mucho mejor, con más claridad y, sobre todo, sentía la cabeza mucho más ligerita. Ahí fue donde me cayó el veinte y me di cuenta de que ya vivía con esta presión constante en la cabeza y lo único que había cambiado había sido dejar el café.

Tardé un rato en desintoxicarme. La primera semana me la pasaba pensando en el café. Volví al "solo por hoy elijo esto" y lo que más me sirvió fue reconectar en mi mente la idea de mi ratito para mí con el vaso de agua y desconectarla del café; cuando logré eso, fue mucho más fácil.

Ahora que estoy mucho más conectada con mis emociones sé que el café no era *necesario*. La mayoría de las adicciones están ahí para adormecer nuestras emociones y es muy importante que lo tomemos en cuenta, porque esto va a hacer que podamos vivir mucho más felices, que podamos realmente liberar esa emoción sin tener que estarla cargando todo el tiempo. En los siguientes capítulos te voy a platicar un poco más acerca de las emociones y cómo puedes trabajarlas, pero por ahora quiero mencionarte esto por si tienes alguna cosa con la que busques adormecerte.

Por ejemplo, un hábito que no he soltado es ver series. Esto no quiere decir que ver series sea malo, ¡me encanta! Pero hay una diferencia entre ver algo en la noche un ratito y sentarte por días completos a ver algo (si estás picadísimo, no hay bronca, pero me refiero a esas veces en que solo estás perdiendo el tiempo en tu celular o en la tele sin que sea algo que te apasione cañón). En mi caso, cuando me enchufo a ver series o al celular mucho tiempo quiere decir que hay algo que inconscientemente me está haciendo ruido o hay algo que me da miedo afrontar y que no me quiero dar cuenta.

Conectar para sanar

Ahora quiero platicarte un poco más de fondo cómo conectar con tu cuerpo para sanar. Yo aprendí esta técnica en una certificación que tomé para volverme maestra de la metodología de Louise Hay, basada en su libro *Tú puedes sanar tu vida*, el cual te recomiendo muchísimo.

Lo tomé hace algunos años y fue otra de las cosas que me ayudó a cambiar mi vida por completo. A través de su trabajo me di cuenta de que muchos de los dolores que tenemos están conectados con emociones que no estamos trabajando, y aunque más adelante te voy a compartir técnicas de cómo trabajar las emociones, por lo pronto quiero platicarte un poco más acerca de cómo conectar con tu cuerpo para poder sanarlo y saber cuál es la emoción que tienes detrás.

Estos conocimientos los he ido haciendo míos a través de poner en práctica lo que he aprendido de maestras como Louise Hay, Doreen Virtue y Gabby Bernstein. La primera tiene la teoría de que nuestros "achaques" físicos vienen de algo emocional o alguna situación que no hemos logrado sanar o resolver.

Aquí abajo vas a encontrar dos gráficas que reúnen mucho de lo que yo he aprendido de mis diferentes maestros. La primera es para darte más o menos un acordeón de qué significa cada dolor dependiendo del lugar donde se encuentra en tu cuerpo —solo recuerda que tu cuerpo es único y preguntarle qué es y de dónde viene lo que siente siempre es mejor, esto es solo para ir practicando cuando estás empezando—. La segunda es para que sepas que dentro del cuerpo existen unos centros de energía que se llaman chakras. Viéndolo de forma súper básica, cada uno de ellos está en diferente punto y cuando te molesta algo en la zona de alguno de ellos, por lo general significa que energéticamente se desbalanceó algo que tiene que ver con lo que ese chakra regula. Te dejo el acordeón de lo que representan para que sea más fácil para ti identificarlo, por si es algo que a tu cuerpo le contribuye. ☺

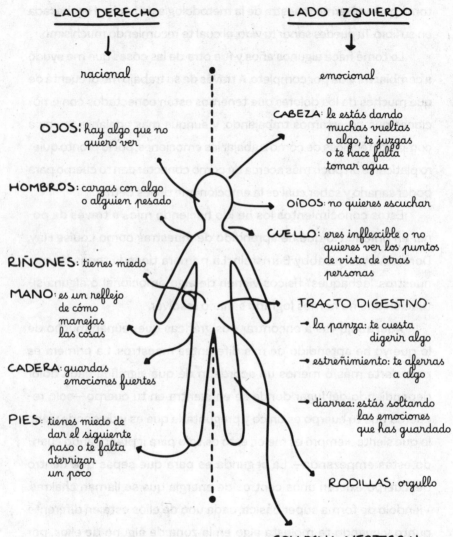

LADO DERECHO

↓

racional

OJOS: hay algo que no
quiero ver

HOMBROS: cargas con algo
o alguien pesado

RIÑONES: tienes miedo

MANO: es un reflejo
de cómo
manejas
las cosas

CADERA: guardas
emociones fuertes

PIES: tienes miedo de
dar el siguiente
paso o te falta
aterrizar
un poco

★ NOTA: si naciste siendo zurdo
la información de un
lado del cuerpo corresponde
al otro

LADO IZQUIERDO

↓

emocional

CABEZA: le estás dando
muchas vueltas
a algo, te juzgas
o te hace falta
tomar agua

OÍDOS: no quieres escuchar

CUELLO: eres inflexible o no
quieres ver los puntos
de vista de otras
personas

TRACTO DIGESTIVO:

→ la panza: te cuesta
digerir algo

→ estreñimiento: te aferras
a algo

→ diarrea: estás soltando
las emociones
que has guardado

RODILLAS: orgullo

COLUMNA VERTEBRAL:

→ alta: cargas con
responsabilidades

→ media: te falta soporte
emocional

→ baja: tienes miedo al
dinero o te falta
soporte físico

CHAKRAS

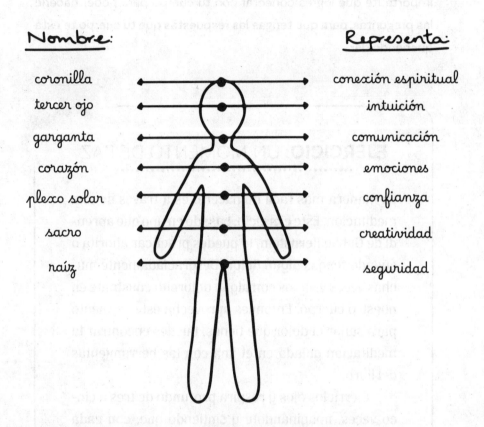

Nombre:

coronilla

tercer ojo

garganta

corazón

plexo solar

sacro

raíz

Representa:

conexión espiritual

intuición

comunicación

emociones

confianza

creatividad

seguridad

✸ La palabra chakra significa rueda en sánscrito. Se usa para representar los 7 centros de energía giratoria dentro de nuestro cuerpo, aquellos que reciben, acumulan, transforman y distribuyen energía.

Aplicando la mezcla de estas gráficas a tu vida te das una idea de lo que puede simbolizar algún dolor que traigas. Sobre todo, es muy importante que logres conectar con tu cuerpo para poder hacerle las preguntas, para que tengas las respuestas que tu cuerpo te está queriendo dar.

EJERCICIO: UN MOMENTO DE PAZ

La manera más fácil de hacerlo es a través de una meditación. Este ejercicio, basado en uno que aprendí de Gabby Bernstein, lo puedes practicar ahorita o cuando tengas algún dolor. Desgraciadamente muchas veces vivimos con algún dolorcito constante en nuestro cuerpo. Entonces aprovecha este momento para sanar el dolor que tienes. Puedes encontrar la meditación guiada en el link con las herramientas del libro.

Cierra los ojos y respira profundo de tres a cinco veces, imaginándote y sintiendo que, con cada respiración que tomas, tu cuerpo se va relajando de la cabeza hasta los pies. En cada momento, con cada respiración y con cada ruido externo que puedas escuchar, siente cómo te relajas más y más.

Imagínate por un momento que esa parte de tu mente que te dice que este tipo de cosas no se pueden lograr se va a pasear un rato y por ahora estás totalmente consciente del lugar y del momento en el que estás. Toma otra respiración profunda y siente tu cuerpo.

Siéntelo sin juzgar, escanéalo de la cabeza hasta los pies, poco a poquito, solo observando lo que encuentras. Checa si sientes alguna tensión o dolor en algún lugar o si hay algo que te llame más la atención. Permítete sentir sin limitarte. Empieza por la cabeza, cara, ojos, oídos, nariz y mandíbula; observa. Baja por tu cuello, hombros, pecho, estómago, brazos, codos y manos, checando si algo te llama la atención. Visualiza tu cadera, piernas, rodillas y pies. ¿Cómo te sientes? Está bien sentir lo que sea que sientes, solo ponle atención.

Ahora que ya escaneaste tu cuerpo, concéntrate en aquel lugar donde notes alguna molestia. Enfócate ahí, como si hicieras zoom, y dile a tu cuerpo que quieres escucharlo para ayudar a sanarlo. Ahora trata de imaginarte una luz de algún color justo en ese lugar. Cualquier color que llegue a tu mente está perfecto. Usa tu imaginación, pero *sin forzarlo*. ¿Qué color ves? Lo primero que venga a tu mente es lo que es. No lo dudes.

Toma otra respiración profunda y ahora pregúntale a tu cuerpo qué pasa en esa parte. ¿Qué guardas ahí? ¿Es una emoción? ¿Ves alguna situación? ¿Se trata de alguna persona? Si es una emoción pregunta qué emoción está en esa parte de tu cuerpo. Respira profundo.

Escucha tu cuerpo. Trata de percibir qué es lo que te dice. ¿Qué significa el color que ves? ¿Por qué tiene este color? También puede ser una pista para saber qué es lo que hay guardado ahí.

Ahora que ya identificaste lo que es, trata de sentir esa emoción o revivir la situación, siéntela un ratito, respira profundo y permítete sentir lo que sea, sin olvidar que al experimentar aquello liberas esta energía y ayudas a tu cuerpo a sanar.

Date chance de sentirla por 10 respiraciones profundas.

Sé que no es lo más cómodo y lo que más te gusta, pero es la única manera de que la emoción pueda salir y liberarse también en tu cuerpo. Si estás sintiendo en este momento eso es porque estás listo para liberarlo. Nada es casualidad, todo está bien.

Ahora, dale las gracias a tu cuerpo por darte la información que necesitabas, por contarte su molestia, y prométele que a partir de este momento trabajarás dicha situación y la emoción que se deriva de ella para ayudarle a sanar y que no continúe somatizándolo.

Haz el compromiso de realizar todo lo necesario para poder liberar esta emoción, sabiendo que, al tener este compromiso con tu cuerpo, el Universo te va a dar las oportunidades y las situaciones que necesitas para poder sanarlo.

Vuelve a respirar profundo y regresa tu atención a esa molestia. Ahora imagínate que empiezas a inhalar luz y que cada vez que inhalas esa luz se va a la parte de tu cuerpo en la que estamos trabajando, y cuando llega ahí se siente bien y te permite sanar. Al exhalar, imagínate que el color que existía en esa parte de tu cuerpo sale por tu boca. Otra vez inhala luz, llévala a esa parte de tu cuerpo y exhala el color que había en esa parte. Te irás dando cuenta de que, con cada respiración, ese color se va vaciando poco a poco y el espacio se va llenando de luz, que va sanando esa emoción y esa parte de tu cuerpo, te sientes más aliviado y ligero cada vez.

Hazlo las veces que necesites hasta que te sientas más tranquilo. Y cada vez que este dolor vuelva a ti, si es que regresa, conecta con tu cuerpo otra vez y pregúntale a ver si es lo mismo o si hay algo más de fondo que necesites saber y trabajar.

Repite este ejercicio la cantidad de veces que necesites para poder sanar la emoción que hay detrás.

Ahora que ya eres consciente de todo lo que encontraste ahí, puedes ir también a la parte de los ejercicios del capítulo de las emociones y de la energía, para trabajarlas y escoger la técnica para poder liberarla y sanarla.

Dale las gracias a tu cuerpo por todo lo que hace por ti, por ayudarte tanto y por darte las pistas que necesitabas para sanar. Ve regresando poco a poco, moviendo los dedos de tus manos y pies y, cuando te sientas listo, abre los ojos.

Este ejercicio nos ayuda a darnos cuenta de que realmente nuestro cuerpo empieza a cargar muchísimo nuestras emociones si es que no las trabajamos. Porque por algún lugar tienen que salir, por eso muchas veces nos enfermamos si estamos tristes o cansados, ya que de verdad nuestro cuerpo necesita un descanso.

Nuestro cuerpo guarda muchísimos miedos, emociones y cosas que no queremos ver o que nos molestan, nos ponen a la defensiva, pero es muy importante conectar con él y escuchar lo que necesita. Acuérdate de que si ya estás sintiendo algo es porque estás listo para liberarlo.

No tengas miedo, es un proceso natural. Creemos que las emociones pueden ser "buenas" o "malas", pero *simplemente son*. Nosotros somos los que

> les ponemos las etiquetas. Las emociones tan solo
> son una manera que tenemos de experimentar la
> vida y en la medida en la que les damos voz, estas
> emociones salen y se liberan.

Kilitos extra

Otra forma en la que el cuerpo enseña a veces emociones atora-
das es a través de esos kilitos que por más que intentas no quieren
irse, y también algunas épocas en las que subimos muchísimo de peso
y no entendemos bien por qué, pues seguimos comiendo lo mismo. Cuando este tipo de cosas nos pasan, a veces quiere decir que
hay algo detrás a lo que nos estamos aferrando inconscientemente
y por eso también el cuerpo se aferra a esos kilitos.

Cuando engordamos inconscientemente muchas veces es porque nos estamos protegiendo de algo que está pasando a nuestro
alrededor que nos está lastimando o que nos está haciendo sentir
inseguros, afectando nuestra autoestima de alguna forma, o puede
ser que nos estemos aferrando a algo que no queremos soltar.

Si tienes algunos kilos extra que no puedes bajar, observa qué
situaciones puede haber a tu alrededor que te hagan sentir inseguro o que te cueste trabajo soltar, porque sientes que vas a soltar el
control. Trata de hacerlo consciente, de darte cuenta para que esos
kilitos se vayan mucho más fácil y te sientas más ligero y feliz con

el cuerpo que tienes. Conecta con tu cuerpo como le hicimos en el ejercicio anterior para checar qué es lo que estaba detrás del dolor y pregúntale de qué se está protegiendo o de qué te estás agarrando y no quieres soltar.

También puedes escribir en una hoja con la intención de tener más claridad respecto a esto, anotando hasta arriba: "Cuerpo, ¿qué me quieres decir con esto?". Y: "¿Qué requiero ser o hacer para que esto cambie?".

Confía en que tu cuerpo y tu intuición te están dando las respuestas que necesitas y que ya estás listo para escuchar. Una vez que sepas cuál es el miedo o la situación, imagínate que esa situación se hace pequeña y se aleja de ti, que se le va quitando el color y la intensidad; y usa afirmaciones como esta para poder sanarla: "Estoy listo para recibir los cambios en mi vida con los brazos abiertos y a experimentarlos al máximo porque sé que son para mi más alto bien. Fluyo y avanzo fácilmente porque sé que todo está bien en este momento y en mi futuro. Me siento seguro y en confianza soltando cualquier cosa que ya no necesito porque estoy a salvo".

Puedes repetir esta frase la cantidad de veces que necesites para sentirte más seguro, y es todavía mejor si puedes modificarla un poco para hacerla tuya con tus propias palabras sin cambiar la intención de fondo. Esta afirmación te ayuda a aceptar los cambios fácilmente y a soltar todo lo que ya no necesitas. Además, entre más conectas contigo, tomas mejores decisiones para tu futuro, todo fluye y se vuelve más fácil, así que confía en tus decisiones y en que lo estás haciendo muy bien.

EJERCICIO: EL ESPEJO

Hace rato, cuando te platicaba de la conexión entre las emociones y los dolores, te contaba que aprendí mucho de la autora Louise Hay. Ella dio terapia durante muchísimos años y también tuvo cáncer. A través de su experiencia y la de sus pacientes, notó que al quererse, aceptarse tal cual y trabajar con cosas naturales pudo curarse y muchos de sus pacientes también. Pudo realmente sanar las emociones que estaban detrás y sanar su cuerpo. Ella inventó un ejercicio poderosísimo, que, aunque al principio puede sonarte supercursi, quiero invitarte a experimentarlo. Por favor, dale una oportunidad, porque es de las cosas que más han transformado mi vida.

Al principio quizá sientas que hasta estás diciendo mentiras, pero luego te darás cuenta del poder que tiene sobre tu autoestima y tu vida.

¿Te has fijado qué pasa cuando te ves en el espejo? ¿Qué es lo primero que haces o piensas?

Colócate frente a uno y mírate a los ojos fijamente durante el mayor tiempo posible (Louise Hay sugiere que durante cinco o 10 minutos en la mañana y en la noche, pero yo considero que con que lo hagas un minuto al día te va a cambiar de verdad toda tu perspectiva, además de transformar tu relación contigo mismo y con los demás). Lo importante es verte a los ojos en el espejo, repitiendo la frase "Me amo y me acepto como soy" el mayor tiempo posible. Entre más aguantes mejor. Como te decía, es normal que al principio te cueste trabajo, de hecho, si te das cuenta de que de plano no puedes repetir esta frase, puedes decir: "Estoy dispuesto a amarme y aceptarme tal cual soy". Esta otra lo vuelve un poco más amigable y es un buen puente para llegar a la primera. La idea es que repitas esta frase hasta que te sientas cómodo y una vez que puedas cambies a repetir la frase "Me amo y me acepto como soy".

No eres un impostor incluso si al principio no sientes que la frase sea real, no existe nadie en el mundo igual a ti. Eres único e irrepetible, igual que cada persona, y eso está increíble. Todo lo que eres está ahí por alguna razón. Cada detalle es una herramienta que te ayuda a crecer a través de tus experiencias en la vida y todas estas te ayudan a aprender lo necesario para poder compartir lo que vienes a aportarle a este mundo.

Louise Hay dice que la mayoría de los pacientes que ella tuvo sanaban a través de este ejercicio del espejo. Yo te puedo decir que, aunque no estuve enferma, de verdad transformó mi vida, porque no hay nada más poderoso que amarte y aceptarte tal cual eres. Confiar en ti y saber que las decisiones que estás tomando van creando el futuro que quieres. Te darás cuenta de que a través de este ejercicio te vas a juzgar y a comparar mucho menos y sobe todo te vas a querer mucho más. El mundo necesita de tu luz y de eso que solo tú puedes venir a entregar.

Lenguaje corporal

Así como cambia tu cuerpo cuando respiras profundo, también tu mente y cuerpo se transforman con el lenguaje corporal.

La primera vez que aprendí de esto fue en un curso de Tony Robbins y la verdad me impresionó. Él dice que al saber sobre lenguaje corporal no solo puedes identificar cómo se siente alguien, también puedes generar empatía, conocerlo mejor y hasta ligar o negociar mejor. Pero lo que más me llamó la atención fue que al ser consciente de tus posturas puedes usarlas, sobre todo, para mejorar tu estado de ánimo y la cantidad de energía que sientes.

Estar conectados a nuestra computadora o celular casi todo el tiempo provoca que tengamos la cabeza inclinada, la espalda y los hombros encorvados y caminemos por la vida viendo hacia abajo.

Si te colocas en esta postura sin el celular por un rato, notarás que es una posición en la que te sientes *débil*, *inseguro*, *triste*, *derrotado*. Es muy parecida a la que hace un atleta cuando acaba de perder una carrera. No te sientes fuerte, feliz y lleno de energía, ¿estás de acuerdo?, sino pequeño, como si no quisieras que la gente te viera. Ahora, si esa es la postura que tenemos todo el tiempo, quiere decir que la señal que le estamos mandando a nuestro inconsciente es que así nos sentimos y entonces de verdad toda tu energía, humor y estado emocional cambian.

Hace poco vi un video en el que una científica explicaba que hicieron una serie de pruebas para tratar de entender cómo al cambiar la postura del cuerpo también cambia cómo te sientes.

Se dieron cuenta de que hay posturas universales, que la mayoría de la humanidad hace idénticas, es algo inconsciente, para expresar diferentes cosas, como derrota, victoria, confianza, inseguridad, etc.

Como te decía, la que hacemos al usar el celular es muy parecida a la que hace un atleta al perder una carrera: cabeza abajo, hombros caídos, espalda encorvada.

Al mismo tiempo, cuando alguien gana una carrera, la mayoría de las veces tiene los brazos levantados en forma de V, arriba de la cabeza, y todo su cuerpo está estirado. Esa es la postura del ganador y es algo tan inconsciente que hasta las personas que nacieron ciegas y nunca han visto a alguien hacerla la hacen idéntica.

Algunos ejemplos para que puedas reconocerlos en tu vida son: si tienes los brazos o las piernas cruzadas, la mayoría de las veces quiere decir que no estás abierto a recibir, a la conversación o estás a la defensiva, aunque también puede significar que estás cansado o tienes frío. En cambio, si tienes las muñecas relajadas, recargadas en la silla o en tus piernas, te sientes relajado y si estás inclinado un poco hacia adelante, quiere decir que te está gustando lo que está pasando, que estás involucrado en la conversación.

Pero volviendo al experimento, la científica explicaba que habían reunido a personas que no se conocieran entre ellas y que no tuvieran ningún tipo de contacto y las prepararon con las mismas habilidades y capacidades para una entrevista de trabajo. Todos los candidatos eran buenísimos para esa entrevista, el perfil era perfecto. Lo único que hicieron diferente fue que los dividieron en dos grupos sin que ellos lo supieran. A unos les pidieron que un poco antes de entrar a la entrevista pasaran al baño e hicieran una postura como de la Mujer Maravilla o la postura victoriosa levantando los brazos. A los del segundo grupo les pidieron que se sentaran encorvados viendo su celular, como apretados, con los brazos cerrados y haciéndose chiquitos con la espalda encorvada. Al grupo de los entrevistadores les pidieron que no hicieran ningún tipo de expresión durante toda la entrevista. Eso quería decir que no les estaban dando ningún tipo de retroalimentación a los que estaban entrevistando. Los candidatos no sabían si al entrevistador le estaban gustando sus respuestas o no, simplemente ellos tenían que contestar las preguntas que les hacían y salir de ahí.

Al final a los entrevistadores les preguntaron a qué personas sí contratarían y a cuáles no, y sin saber por qué, escogieron a los que hicieron la postura victoriosa en el baño antes de entrar y rechazaron a los que tenían la mala postura antes de entrar. Qué impresionante, ¿no?

Además, una vez que se dieron cuenta de eso, le pidieron a los participantes que habían estado en una postura de perdedor que hicieran una postura de vencedor y les preguntaron cómo se sentían, a lo que contestaron que al hacer la postura del perdedor se sentían un poco parecido a su vida, a lo que experimentaban diario, y cuando hacían la postura de victoria o de poder realmente se sentían empoderados, felices y les encantaba quiénes eran. Así se dieron cuenta de que al cambiar la postura también podemos cambiar cómo nos sentimos y modificamos lo que inconscientemente le estamos diciendo al cerebro.

Así que durante el día te invito a que, cuando oigas la alarma en tu celular de la que habíamos platicado, además de respirar cheques cómo está tu postura. Reconócela, percibe cómo te sientes y una vez que sea claro, entonces cambia de postura a propósito para que notes si algo en ti se mueve.

Aquí abajo te muestro algunas de las posturas de poder para que puedas verlas y hacerlas fácilmente.

¿No se te hace increíble que con algo tan fácil pueda cambiar tanto cómo te sientes? Creo que es una gran herramienta que puedes hacer donde sea para mejorar tu calidad de vida y energía.

Conectando con los demás

Algo que me parece increíble es que con esta misma herramienta puedes identificar a las personas con las que más clic haces o las que piensan más parecido a ti, con las que te sientes en confianza.

Como te decía, el lenguaje corporal es algo tan inconsciente, que es parte de nuestro instinto. ¿Te ha pasado que ves a alguien sonreír y sonríes? Es porque existen las neuronas espejo y muchas veces copiamos este tipo de gesto y por eso se nos contagia la sensación.

Inconscientemente, la mayoría de las veces, cuando alguien nos cae bien, nos gusta lo que está diciendo, sentimos empatía o estamos en el mismo canal, empezamos a copiar los movimientos corporales que hace y hasta el ritmo de su respiración. Entre más haces clic con la persona y más conectas, más copias sus movimientos.

Este instinto es inconsciente, pero cuando eres consciente de esto te puedes dar cuenta de cuáles son las personas con las que más clic haces, eso por lo general significa que haces buen equipo con ellas, así que puedes identificar también de forma física con quién podrías hacer una buena sociedad, trabajar más fácil o hasta salir con esa persona.

Hay gente que te puede enseñar a usar esto como técnicas para negociar o ligar, pero a mí me gusta más usarlo para identificar cómo me siento y usar mis posturas a mi favor para conocerme más y mejorar cuando puedo.

Trata de hacer el experimento de observarte en tu día a día. Date cuenta de las posturas que usas cuando te sientes feliz, cuando estás abierto, cuando te encanta la conversación, o al revés, cuando te sientes incómodo o a la defensiva, cuando estás enojado o te sientes débil.

Puedes investigar un poco sobre estas posturas buscando lenguaje corporal para la emoción que quieres sentir o que ya sientes y ver si coinciden con cómo te sientes. Una vez que adquieras conciencia de tu postura, checa si quieres cambiarla por una diferente para sentirte mejor.

Ciclos de energía en el cuerpo

Es un hecho que la energía de la Tierra nos afecta físicamente, igual que la de la luna. Nos afecta a todos, hombres, mujeres, mareas y seres vivos.

Para las mujeres es mucho más evidente, porque vivimos en cuerpos que literalmente muestran la parte del ciclo en la que están, no solo físicamente, sino en el tipo o cantidad de energía y ganas o no de hacer algo; pero todos los seres humanos somos cíclicos. Uno de los ejemplos que podemos reconocer es que cada luna llena todos estamos más sensibles, como que nuestras emociones crecen exponencialmente, y te prometo que, si te fijas bien, hasta cuando sales de fiesta en luna llena también eres más sensible al efecto del alcohol.

Me tocó vivir en este cuerpo con ciclos claros y, aunque estoy convencida de que los hombres también deben de tener algo parecido durante el mes, no es tan evidente como en el cuerpo de una mujer. Si eres hombre trata de identificar tus propios ciclos, de checar cuándo tienes más energía durante el mes, cuándo te sientes más sociable, cuándo eres más productivo y cuándo baja tu energía y eres un poco más ermitaño.

Algo que funciona para hombres y mujeres es apuntar en tu agenda cómo te sentiste durante el día para tenerlo documentado y así cuando veas hacia atrás puedes identificar con facilidad tus estados en distintos tiempos y ver los patrones que se repiten.

Como es afuera es adentro, y así como esto pasa en las estaciones del año, o en las mujeres con el ciclo del mes, también es importante que conozcas y reconozcas cómo te vas sintiendo durante el día. Hay diferentes tipos de personalidades. Existen las personas que madrugan y son felices y otras como yo, más nocturnas que tardamos en arrancar nuestro día y que nuestro cerebro despierte y reaccione.

Es importante que reconozcas qué tipo de persona eres para que así puedas también aprovechar al máximo tu día.

Si eres de las personas que son mucho más productivas en la mañana, entonces empieza tu día realizando lo más importante temprano, agenda las cosas que necesites resolver rápido en las primeras horas para que, en la tarde, cuando te vayas cansando, puedas llevártela más leve, reconectar contigo y darte ese espacio sabiendo que ya aprovechaste el comienzo del día.

Y al revés, si eres como yo y te cuesta trabajo arrancar, entonces empieza con meditaciones, yoga o con tiempo para ti, trabaja en cosas más sencillas y en la tarde pon todas esas cosas importantes que requieren más de tu energía, presencia y concentración. Al aceptar y reconocer tus procesos te vuelves mucho más productivo y sobre todo aprovechas tus momentos, creas más balance, permites un mejor flujo, te sientes pleno y productivo porque resolviste más cosas y evitas sentirte frustrado por no lograr algo.

Muévete

Volviendo a la parte del ejercicio, ya te había platicado que yo la verdad no soy una persona muy atlética, de hecho puedo llegar a ser un poco descoordinada; de chica era la típica que escogían al final en los equipos porque la verdad no era la mejor —y confieso que ese punto de vista sigue impactando hasta hoy mi realidad.

He aprendido que a lo mejor no soy muy buena en la parte atlética o de disciplinas que impliquen pelotas o coordinación, pero descubrí que la flexibilidad sí es mi fuerte, por lo que el yoga es una gran forma de mover el cuerpo para mí. Seguro tú también tienes áreas que se te den mejor y reconocerlas te reconecta y llena de energía.

Hace poco descubrí que hay ejercicios que pueden ser muy cortos pero que fortalecen tu cuerpo completo, como las planchas, por ejemplo. En este tipo de posiciones tu cuerpo trabaja todas las zonas: brazos, espalda, abdomen, glúteos.

Descubrí también que caminar me hace muchísimo bien y a mi esposo le pasa lo mismo, lo disfrutamos y es una de las razones por las que decidimos vivir en una zona donde podemos caminar mucho. Es importante que tú también aprendas a reconocer qué es lo que le hace bien a tu cuerpo.

¿Qué tipo de ejercicio te ayuda a sentirte bien, a conectar con él? Me he dado cuenta de lo importante que es mover el cuerpo, sobre todo en épocas en las que hay muchos cambios en nuestra realidad. Nuestro cuerpo está hecho para movernos, para salir y descubrir el mundo, y es importante también hacer ejercicio para fortalecernos y vivir mucho más sanos.

Mover el cuerpo no solo lo fortalece, nos hace más disciplinados, enfocados en las metas, y ayuda a mover nuestra energía y mente. El yoga, por ejemplo, además de ser meditación en movimiento y de fortalecer tu cuerpo, te enseña a estar cómodo en situaciones incómodas y ayuda a fluir. Cuando le enseñas esto a tu cuerpo también entrenas a tu mente y a tu energía a fluir en ese tipo de situaciones y te da seguridad y creatividad para resolver problemas.

Además, por medio de la meditación ves el mundo a través de los ojos del amor porque te sientes más conectado con todo lo que existe.

Como todo está conectado, al mover tu cuerpo también se mueve la energía y así puedes desbloquear cualquier emoción que tengas atorada, cualquier bloqueo que traigas en tu parte energética, todo se mueve parejo, sobre todo cuando te mueves con esa intención. Cada vez que puedas sal a caminar, correr, nadar, a hacer cualquier tipo de actividad, imagina que aquella preocupación guardada sale y que te sacudes cualquier tipo de energía que no te sirva.

Hacer ejercicio también es una manera de limpiar tu cuerpo. A través del sudor liberas toxinas, además, al hacer ejercicio tu cuerpo libera endorfinas y eso hace que te sientas feliz. Muchas veces hacer ejercicio representa un reto y, al realizarlo, tu autoestima también mejora muchísimo porque vas logrando metas. Te das cuenta de que cuando quieres, puedes, y eso aplica para todas las áreas de tu vida.

Me he dado cuenta de que hacer ejercicio con un fin hace que sea más fácil lograrlo y que yo sea mucho más constante. Por ejemplo, cuando hice el detox, que también incluía ejercicios, mi meta era sentirme mucho más sana para embarazarme con más facilidad y también para poder descansar mejor. Cada vez que sentía que me estaba dando flojera hacer ejercicio ese día me acordaba de mi intención, de por qué lo estaba haciendo. Y al acordarme de eso que me hacía tanta ilusión me motivaba, me levantaba y lograba hacerlo. Y de repente me daba cuenta de que había hecho ejercicio durante varios días y que estaba fortaleciendo varias partes de mi cuerpo, lo cual mejoraba mi ánimo y autoestima.

Sonríe

Otra manera de liberar endorfinas es sonriendo, cuando estés en un momento de muchísimo estrés, finge una sonrisa, después de respirar, te vas a dar cuenta de que por un rato te sientes raro fingiendo, pero al final te vas a sentir mucho más tranquilo y realmente feliz.

Cuando sonríes, tu cerebro no sabe si de verdad estás feliz o si estas fingiendo. El cerebro no distingue, simplemente dice: "¡Ah! Está sonriendo, suelto endorfinas porque quiere decir que está feliz, libéralas". Eso es algo que no me deja de impresionar, pero realmente funciona, y si además te puedes acordar de algún momento feliz para ti o de algo que te haga reírte a carcajadas, tu cerebro jura que estás feliz y realmente empiezas a sentirte así. Haz la prueba.

Esto es tan real que en oriente practican un tipo de yoga que es el yoga de la risa, y literalmente te hacen varios ejercicios para que fuerces la risa y sientas el efecto que tiene en tu vida. En el QR del comienzo encontrarás herramientas extra para encontrar un efecto positivo en tu vida y en tu cuerpo.

Tips para poner en práctica

Agua:

¿Sabías que nuestro cuerpo está hecho en su mayoría de agua?

Necesitamos suficiente agua para que nuestras células funcionen bien y muchas veces es lo que menos tomamos. ¿Cuántos vasos de agua tomas al día?, ¿te has fijado? ¿Sabías que muchos de los dolores de cabeza son porque estamos deshidratados? ¿Sabías que la mayoría de las veces, cuando crees que tienes hambre, lo que tienes es sed? Cuando tomas agua constantemente hasta tu piel cambia, tiene más luz y te ves mucho más descansado sin necesidad de cremas o tratamientos. Realmente la cantidad de agua que tomemos se ve reflejada en nuestro cuerpo y en todo lo que somos. En la parte emocional y en la parte energética también se necesita mucha agua para que todo se mueva.

Asimismo, a través del agua entra oxígeno a tu cuerpo y con esto tu energía se alinea. Igualmente sirve para limpiar lo que no necesitamos; cuando tomes agua puedes intencionarla poniendo tus manos alrededor de ella imaginándote que se llena de lo que quieres en ese momento: salud, abundancia, fluidez...

Respira:

La respiración también es sorprendente. Se me hace increíble que no tengamos que hacerlo conscientemente y solo ocurra gracias a nuestro cerebro. Siento que son de esas cosas que damos por hecho pero que no nos detenemos a agradecer, ¿no? No sé si lo sepas, pero cuando nos estresamos las respiraciones son cortas, y solo inhalamos lo mínimo indispensable para que el organismo funcione. Puede ser que incluso lleguemos a hacer que el cuerpo y el cerebro funcionen a una tercera parte de su capacidad porque no le estamos dando el oxígeno que necesita. Por eso es tan importante respirar profundo y reconectar contigo. Es una de las razones por las que se siente tan rico meditar, hacer yoga o ejercicio. Nuestro cuerpo está diseñado para respirar no solo con el pecho, sino también con el abdomen y las costillas. Si quieres saber un poco más, te voy a dejar un video en el enlace de los extras en mi página para que puedas verlo. Mi hermana Mireille te explicará cómo puedes hacer ejercicios de respiración para tener más claridad mental y más energía. Son muy fáciles de hacer, en cualquier momento del día o en cualquier lugar. Pero, sobre todo, si empiezas tu día con estos ejercicios vas a ver cómo te sientes completamente diferente y tu día cambia por completo.

Si puedes ahora es un buen momento para hacer otro ejercicio de respiración como el que hicimos en el primer capítulo. Date un segundo, respira profundo. Inhala por cinco segundos, retén el aire por cinco segundos y exhala por cinco segundos. Haz cinco o seis respiraciones y al final siente otra vez tu cuerpo. Notarás la diferencia desde la primera respiración.

Para relajarte antes de dormir puedes inhalar por cuatro segundos, retener por siete y soltar por ocho segundos y hace toda la diferencia.

Empieza tu día con alegría:
Algo que también te recomiendo muchísimo es empezar tu día de una manera alegre. ¿Cómo puedes hacer esto desde tu cuerpo? Cuando te metas a bañar trata de sacudir tu cuerpo o de brincar un

poquito; cuando lo haces sacudes tu energía y despiertas el sistema nervioso. Brincar, sin saberlo, requiere muchísima concentración y conexión del cuerpo con la mente. Por eso cuando los niños son chiquitos te dicen que están listos para ir al kínder una vez que puedan brincar, porque quiere decir que ya hicieron esa conexión entre su mente y cuerpo y ya tienen mucho más control. Cuando tú brincas y te sacudes te queda una sensación de alegría, porque liberas endorfinas. Tony Robbins recomienda hasta tener un minitrampolín al lado de la cama para brincar apenas te despiertes. Esto también puedes hacerlo antes o después de una junta de trabajo pesada; cuando te pase algo denso que te quieras sacudir. Cuando tu energía se mueve, puedes desbloquear algo que esté atorado en ti.

Bendice tu comida o llénala de buena vibra:
No hablo de bendecir la comida desde un punto de vista religioso, sino de darse un espacio de silencio previo a la comida para agradecer por esos alimentos frente a ti y con quienes los compartes en la mesa. Yo me imagino que baja un rayo de luz desde el cielo e ilumina mi comida para activar todos los nutrientes que guarda y que cuando me los coma se absorban. A veces digo: "Dios, bendice mi comida y a los que hicieron posible que llegara hasta a mí, que todo lo bueno que tenga esta comida se absorba, nutra a mi cuerpo y lo llene de salud y energía, y lo que no, se deseche rápido y fácilmente". No importa si lo haces en voz alta o no, con que lo pienses, funciona perfecto. Además de limpiar la comida energéticamente y activar los nutrientes que están dentro de ella, programas a tu mente y cuerpo a solo tomar lo que necesita. ¿Qué mejor que eso?

Cada día me doy más cuenta del poder que tiene nuestro cuerpo de sanarse a sí mismo y de lo perfecto que es. Con esto no quiero decir que no hay que ir al doctor o que hay que dejar de tomar medicinas, mi punto es simplemente aprender a escucharlo. Después de todo, nadie lo conoce mejor que nosotros mismos que vivimos en él, ¿no? ¿Y si tratáramos de entenderlo antes de correr por una medicina? El cuerpo es sabio y también es un medio por el que se canalizan muchas de las emociones que tratamos de ignorar o de no sentir, pero por algún lado tienen que salir.

Algunas veces con tan solo escuchar el malestar y darnos cuenta de la emoción que hay detrás y sanarla el cuerpo sana por sí solo. Otras veces sí necesitamos ir al doctor y tomar medicina, pero en ocasiones podemos empezar por algo complementario como aceites esenciales, acupuntura, reflexología, *healy*, homeopatía, etc. El poder de sanar se multiplica todavía más cuando le damos comida que no lo inflama, suficiente agua, descanso y lo alineamos con la mente, emociones y energía positivas.

EFT / *tapping*:

Esta es una súper herramienta que ayuda a calmar al sistema nervioso, a relajarlo y a hacerlo saber que estás en un espacio seguro. Es una técnica en la que das pequeños golpecitos con las yemas de los dedos en ciertas partes de tu cuerpo mientras repites algunas frases. Ayuda mucho a liberar estrés y traumas guardados en las memorias del cuerpo.

CORAZÓN Y EMOCIONES

A lo largo de mi vida he ido encontrando diferentes maneras de relacionarme con esta parte de mí. Ha habido épocas en las que he sentido "demasiado", otras en las que he bloqueado todo "haciéndome la cool", a veces mi corazón ha sido mi brújula, en ocasiones he tenido más balance para abrazar todo lo que soy y, claro, ha habido épocas en las que sinceramente juzgo muchísimo mis sentimientos y hasta he pensado que no es normal sentir lo que siento.

Creo que, dentro de estas diferentes épocas, lo único que persiste es esta "incomodidad" de sentirme vulnerable al abrazar todo lo que siento y todo lo que soy, porque veo a mi alrededor y no todo el mundo vive con el corazón abierto. De alguna manera parece estar al revés: la sociedad está hecha como para defenderte o blindar tu corazón para que nadie lo lastime y eso, desde mi punto de vista, es lo que más duele.

A lo largo de la vida vamos filtrando nuestras emociones a través de los ojos de quienes nos rodean y vamos aprendiendo cómo se espera que actuemos con ellas. Por ejemplo, a los niños no siempre les permitimos desbordarse en un berrinche porque nos incomoda a nosotros y a los demás. Y creo que esto es algo que muchos aprendimos de chiquitos, ¿no? Que las emociones son algo que hay que modular porque pueden incomodar a los demás, y hasta llegamos a sentir que está mal experimentarlas porque existe la tendencia de ir a lo que sigue.

Me parece que, aunque las situaciones que cada quien vive sean diferentes, parte de lo que nos hace humanos (y esto me fascina) es saber que en el fondo todos sentimos las mismas emociones a través de diferentes circunstancias.

Te cuento un poco mi experiencia por si te identificas en alguna parte.

Si veo hacia atrás, a las diferentes etapas de mi vida, creo que apenas ahora puedo abrazar a esa niña chiquita que hoy entiendo que era hipersensible y que, más que ser "penosa, callada e introvertida", estaba percibiendo mucho de lo que las demás personas sentían, sin estar consciente de que varias de esas emociones que yo estaba sintiendo no eran mías. Por ejemplo, me acuerdo perfecto que de chica veía a los demás jugar en el patio de la escuela desde una esquina lejana con una persona mayor que me cuidaba. Yo me sentía cómoda con esta distancia, pero no necesariamente dentro del grupo de niñas que jugaban porque desde ahí no era tan fácil para mí interactuar. En las diferentes etapas lo fui manejando de la mejor manera que podía.

En la pubertad sentía tanto mis emociones y tantas cosas de los de mi alrededor, que para mí era muy importante estar sola, encerrada en mi cuarto o de alguna manera poniendo un espacio entre los demás y yo, como para poder escucharme y encontrarme. También recuerdo que dormía muchísimo, un poco porque era una etapa de crecimiento, pero seguro también para bloquear y reacomodar de alguna manera todo lo que yo sentía y percibía. Poco a poco fui tratando de ser "más normal", sin "sentir tanto", porque empecé a escuchar puntos de vista como que "las mujeres son tan sensibles que complican todo" (¿destruimos, liberamos y descreamos todo eso ahora?, por favor); y entonces empecé a hacerme "la cool", para ser una "mujer sin complicaciones" sin saber toda la energía que gastaba en editarme para encajar.

Cuando entré a la universidad elegí conscientemente por primera vez dejarme ser por completo la persona sociable que en realidad era, sin lo que se esperaba de mí. Era un lugar nuevo donde poca gente me conocía y fue fácil ser yo, abrazarme completa y permitirme ser una nueva versión de mí misma. Ser y reconocer esta versión mucho más sociable y abierta me permitió ser libre y feliz. Me sentía mucho más segura y haciendo las paces con quien era, dejando atrás todo lo que ya no quería y creando en esa nueva etapa una manera diferente de abrazarme y presentarme. De ahí vienen algunos de mis amigos más cercanos hasta la fecha y estoy segura de que se quedaron conmigo porque me siento completamente yo al estar con ellos, justo por todo lo que elegí al conocerlos.

Sin embargo, un par de años después llegó la primera crisis de mi vida que me revolcó. Los pilares de mi vida, los que me daban seguridad y contención, se me cayeron. Fue una época de dolor, mucha confusión, responsabilidad (que probablemente no me tocaba). En ese momento no tuve las herramientas que necesitaba para transitar todas esas emociones tan grandes que estaba percibiendo y sintiendo y por lo tanto de alguna forma decidí (ahí sí creo que conscientemente), bloquearlas.

Yo, pensando que podía simplemente bloquear el dolor, el enojo, todas estas emociones que etiquetaba como "malas", adormecí sin querer todas las otras también, incluso la felicidad y la alegría. Y entonces pasé de ser una persona muy alegre, a vivir la vida como muy anestesiada, sin sentir demasiado. Salía y me reía, siempre he sido muy simple y encuentro cómo reírme de las cosas duras, pero solo buscaba divertirme y distraerme. Cuando regresaba a mi casa y entraba en ese espacio me sentía adormecida.

Me sentaba a ver la tele como para bloquear todo lo que estaba sintiendo hasta que llegó un punto en el que una de mis hermanas decía que yo era como un limoncito por lo amargada que estaba. Decía que parecía viejita viendo la tele anestesiada todo el día. Diez años después esto se volvió insostenible. La situación en mi casa se puso fuerte de nuevo y yo estaba atravesando muchos cambios. Tantas emociones y tan intensas se volvieron imposibles de ignorar. Un día sentía muchísima ansiedad y fui a nadar a una alberca; mientras lo hacía sentí como que me faltaba el aire. Me salí de la alberca, me acosté en un camastro y me puse a llorar y llorar. Poco antes me habían compartido el contacto de una terapeuta, no sé qué hubiera hecho sin ella: le escribí a las nueve de la noche, le pedí una cita y me la dio.

Creo que eso me abrió un panorama y una puerta a una posibilidad que jamás me imaginé que sería tan expansiva. Durante varios años fui a terapia, pero me acuerdo de que en la primera sesión entré sin saber qué esperar. Me senté lo más lejos posible de la terapeuta y empecé a platicar cómo tenía miedo de sentir todas las emociones que había dentro de mí, porque percibía que había guardado tanto tiempo esas emociones que me daba miedo destapar esa olla exprés y sentir que iba a explotar como una nube negra y enorme enfrente de mí, que no iba a poder y me iba a hundir. Ella me dijo que no me preocupara y que se lo dejara a ella, que íbamos a ir poco a poco desmenuzando toda esta nube enorme y que, al contrario de lo que pensaba, no podía sentirme peor de lo que me sentía en ese momento. A lo que ella se refería es que cuando le entras a sentir tus emociones y empiezas a desmenuzarlas poco a poquito y las empiezas a acomodar, ponerles nombre y sentirlas, comienzas a atravesarlas y esa nube enorme se va disipando.

Fui acomodando cada una de estas partes hasta sentirme ligera y liberada. Tomé responsabilidad de lo que era mío, solté y devolví todo lo que no me correspondía. Me tomó algún tiempo poner en su lugar las cosas de mi vida que no estaban bien, que me habían servido como para sobrevivir a estas situaciones, pero no realmente para vivirlas al máximo.

Entonces hoy te digo que, si estás en este espacio en el que no te has dado permiso de sentir tus emociones, confíes en que haber llegado a este capítulo tal vez signifique que ahora es tu momento. Yo no creo en las casualidades, y pienso que si encontraste este capítulo y te diste chance de empezar a leerlo es porque estás listo para ver todo lo que hay en ti y analizarlo, trabajarlo, percibirlo, y creo que la mejor manera de hacerlo es dándote permiso de ser vulnerable, de sentirte incómodo.

Las emociones no son ni buenas ni malas, nos han enseñado a etiquetarlas así, pero en realidad, simplemente *son*. La falta de costumbre puede traer incomodidad, pero siempre sentirlas y atravesarlas te lleva a un espacio de expansión, ligereza y conexión contigo mismo que es indescriptible.

Después de mucho tiempo llegué a este espacio ligerito en el que estoy conectada conmigo y desde el cual pude materializar muchos de mis sueños. Uno de ellos es este libro, otros mi relación de pareja, mi familia y el lugar en donde vivo. Parece que todas las cosas que voy eligiendo se dan con muchísima facilidad. Y es que cuando tu corazón está integrado emite frecuencias que atraen mucho más fácil eso que quieres tener en tu vida. Porque para materializar lo que deseas la forma más fácil es encarnar esa persona que estás buscando ser. Y para encarnar esa persona que estás buscando ser requieres sentir.

Piensa cómo se sentiría esa persona. Esa es la manera en la que puedes acortar muchísimo el tiempo en que verás reflejada en tu realidad eso que estás buscando. Por eso es tan importante abrazar nuestras emociones.

Otra de las razones por las que es necesario permitirse ser vulnerable es porque creo firmemente que una de las razones por las cuales venimos a este plano, a esta tierra a vivir, es para experimentarlo todo. Este lugar es el único donde se viven la luz y la oscuridad, donde se viven el amor y el miedo, donde se viven la incomodidad y la expansión, donde se vive toda la dualidad. Cuando tú dejas tu cuerpo, dejas todas estas emociones atrás.

Emociones en movimiento

Venir a este mundo y perderte de las emociones es perderte de una gran parte de lo que es vivir. Al adormecer una parte de ti se adormecen todas. No lo vale. Yo, que he estado así, te puedo decir que no es por ahí. Al principio se puede sentir mucha ansiedad, mucha incomodidad, pero si requieres un poco de ayuda, dátela. Pídela. Si tienes la oportunidad de ir a terapia, ve a terapia, y si no, platica con quien más confianza tengas, pero date permiso de ser vulnerable. Date permiso de sentir lo que estás sintiendo, sin etiquetas, sin juzgarlo, sin tratar de acomodarlo, simplemente sintiéndolo tal cual es, sin editarlo. Porque al editar algo editas todo en ti.

Cuando volví a sentirme estable después de esa etapa de reacomodar, pasó algo interesante, que creo que nos pasa a casi todos, me confié. No sé si te pasa, pero de pronto llegas a un punto en el que te encanta tu vida y por alguna razón sientes que no se puede poner mejor. Entonces, en mi caso, empecé a dejar ir todas esas prácticas que aprendí en la turbulencia porque sentía que ya había pasado y no las necesitaba tanto. Pero la vida es de etapas y todo pasa... En mi caso pasé de ser la más feliz a tratar de embarazarme y no pude, tuve una confrontación con mi cuerpo y de nuevo atravesé emociones muy duras.

Al final esa fue una historia feliz porque nació mi primer bebé y fue mucho más maravilloso y fantástico de lo que pude haber pensado o sentido, y al mismo tiempo, junto con él, llegó otra ola que jamás me imaginé: depresión posparto a media pandemia y una época en la que me abandoné.

Y es que, casi en automático, pasé de cuidarme mucho y conectar conmigo a "creer que las mamás tenemos que ver primero por los demás antes que por nosotras" y a funcionar ahí.

Dejé de ir a terapia, dejé de conectar conmigo, dejé de escribir, dejé mis herramientas a un lado, dejé de hacer mis pausas conscientes, que era lo que me permitía conexión porque no encontraba tiempo en el día, pero no encontraba tiempo justo por estas falsas creencias que estaban limitándome y que estaban en mi inconsciente diciéndome que por ser mamá ya no había tiempo para mí.

Este periodo requirió de mucha autocompasión y paciencia. Me tomó mucha conciencia y presencia regresar a mí, abrazándome completita para reencontrarme de una forma distinta a quien era antes y al abrazarme una vez más como que volví a mí, a ser yo y a sentir todo lo que había en mi corazón. Nuevamente tenía comunicación conmigo, en coherencia, en congruencia. Y eso, una vez más, me ayudó a entrar en un *loop* creativo en el que volví a crear la vida que yo quería crear. Después llegó mi segundo embarazo, que fue de verdad hermoso, maravilloso y lleno de paz —igual que el chiquitín fantástico que llegó con él.

Y una vez más explotó algo. Había estado ignorando ciertos miedos por enfocarme en lo increíble de esa etapa. Cuando nació nuestro segundo bebé, tuvo varios temas de salud intensos al principio que se fueron acomodando a lo largo de los meses, pero fue una etapa de mucho estrés e incertidumbre, otra vez intensa, en la que tenía el sistema nervioso excesivamente prendido. Y cuando estás en periodos de estrés tan fuertes tu cuerpo literalmente segrega cortisol todo el tiempo.

Al tener una sobrecarga de estrés, angustia, cansancio y desconexión total, todo tu ser le da prioridad a sobrevivir y muchas cosas como tus emociones se apagan, como para que atravieses lo que estás viviendo en ese momento.

Y como todo pasa, esa etapa también pasó y empezamos a frenar un poco y a reacomodarnos cada uno. Cuando llegó la calma, una vez más me di cuenta de que yo no estaba en el espacio en el que quería estar, que no estaba bien y tenía que priorizarme. En ese momento la vida me regaló que me tocara escribir este capítulo del libro, con toda la resistencia del mundo a sentir lo que sentía y por lo tanto a escribirlo.

Este libro de verdad es mágico para mí porque al escribirlo en tantas etapas he ido comprobando cada cosa que hay aquí. Lo estoy escribiendo y terminando justo en esta etapa de retomarme a mí y ha sido increíble cómo se volvió una cajita de mis herramientas consentidas, una de las formas de reunir todo lo aprendido y reintegrarlo a mi vida.

Después de otra etapa de caos y desbalance por dejarme hasta el final otra vez, si pudiera hablarle a mi yo del pasado, le diría que lo vuelva a vivir tal cual, pero si puedo ahorrarte a ti una parte de tu camino, te diría que las emociones no son ni buenas ni malas. Eso viene de nuestra necesidad de etiquetar, de un espacio mental racional que generaliza.

En algún lugar leí que la palabra *emoción* deriva de una palabra que originalmente significaba "movimiento". Y es que, claro, las emociones son energía en movimiento. La energía te da información del entorno y de lo que pasa en ti cuando te relacionas con él.

Lo ideal sería que te des chance de sentir en ese momento en el que llega la emoción, para que esa energía siga en movimiento y permitas que se mueva a través de ti; sentir esa energía en el momento que toca atravesarla sin tratar de filtrarla o controlarla. Y entonces se movería y te moverías a través de ella mucho más rápido y de una manera mucho más nutritiva.

Te voy a poner un ejemplo que también escuché hace muchos años y que se me hizo perfecto para entender esto. Cuando muerdes una manzana la saboreas, la disfrutas, la masticas, luego la tragas, pasa a tu estómago y ahí se digiere para separar y absorber los nutrientes en el intestino y desechar la parte que no te sirvió. Dejas ir lo que no te sirvió y la manzana que te comiste sale de tu sistema, quedándote con una gran experiencia que además nutre y le aporta a tu cuerpo.

Si pudieras comerte esa manzana y trataras de aferrarte a ella, sin digerirla, no solo no te nutriría, sino que probablemente te enfermarías. Es importante que no dejemos nuestras emociones sin digerir, bloqueadas, porque al ser energía en movimiento por algún lado tienen que salir y nuestro cuerpo siempre buscará sacarlas y podríamos somatizarlas.

Entonces mi consejo más grande en este tema es que te des permiso de sentir para vivir al máximo. Date permiso de sentirte vulnerable, de abrirte, aunque este mundo no está hecho para eso. *¿Qué se necesitaría para que cada vez más personas vivamos con el corazón abierto?*

Si no permites que salgan tus emociones, también bloqueas tu capacidad para recibir. Las emociones te permiten recibir experiencias al sentirlas y si les cierras la puerta, también lo haces para todo aquello que tiene la vida y que el Universo quiere darte.

Hoy estoy convencida de que no se trata de vivir feliz, porque la felicidad se va construyendo momento a momento y no todos los momentos van a ser felices. Creo que más bien se trata de vivir plenos. Y para sentirnos plenos hay que abrazar todo lo que es y todo lo que hay. Incluso a estas emociones que pueden no sentirse tan divertidas en su momento.

Me parece importante recalcar que no es necesario quedarse en esa emoción por mucho tiempo, porque eso también sería aferrarte a algo, sino sentirlas y dejarlas ir. No te quedes en la tristeza. Más bien quiero transmitirte que, al ir sintiendo lo que toca en el momento que toca, puedes irte aligerando y expandiendo todo tu ser.

Cuando vives con esa intención, vas dejando pasar las emociones mucho más rápido o te vas haciendo el hábito de vivir presente. Esta es la magia de dejar de cargar cosas.

Habiendo dicho esto, creo que es importante que sepas que la mayoría de las cosas que sientes no son necesariamente tuyas. Muchas de ellas son de personas a tu alrededor o que te trasmitieron al crecer.

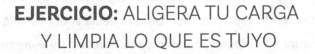

EJERCICIO: ALIGERA TU CARGA Y LIMPIA LO QUE ES TUYO

- Repite varias veces: "Devuelvo todo lo que no es mío a su lugar de origen con todo y conciencia".

- En cada repetición respira y siente la emoción en tu cuerpo liberarse poco a poco. Sentirás menos intensidad y menos espacio.

- Cuando ya no cambie nada puedes decir: "Destruyo y descreo todo lo que he hecho para hacerlo mío". Generalmente ahí baja todavía un poquito más. Y ahí es donde te recomiendo hacer el ejercicio que hicimos antes para sentir y soltar tu emoción o sentarte a escribir un rato para soltarlo.

- Acepta vivir esa emoción. Haz varias respiraciones que duren minutos y tengan intención. Imagina que al inhalar por la nariz entra una luz blanca y al exhalar por la boca expulsas el color con el que identificaste y visualizaste la emoción, lo cual hace que te sientas más ligero.

Otra herramienta que me sirve mucho es mover mi cuerpo porque así no se estanca. Literalmente esa energía que se apodera de ti la sigues moviendo. Entonces, así como te decía sobre ese día que me bajé a nadar a la alberca, cuando tú te mueves, mueves tu cuerpo con la intención de mover esa energía de alguna forma, le das una salida y la vives aceptando la incomodidad. Ya sea que elijas sentarte con conciencia o moverte, pregúntate siempre: "¿Qué requiero ser o hacer para mover esta emoción en mí, para transitarla de una manera más amigable para mí y para reacomodarla con total facilidad? ¿Qué requiero hacer para sentirme mejor?".

Ten la intención de atravesar esa emoción sin querer pasar directamente a lo positivo. Date permiso de vivirla y de sentirte vulnerable en el camino. Algo muy importante para mí es que sepamos que no somos víctimas de nuestras emociones, para nada, así como no somos víctimas de la vida ni de ninguna situación.

Se dice sencillo, pero ¿cómo hacerlo? Cuando estás viviendo una situación, tienes unos microinstantes para saber cómo quieres elegir reaccionar ante ella. Cuando ya vives realmente consciente y presente es más fácil identificar estos instantes. Esto, para mí, es volverte responsable.

Cuando tú te haces responsable de lo que estás sintiendo, entonces puedes elegir cómo quieres manejar tus situaciones sin querer controlar todo y permitiendo que las emociones sean vividas y liberadas pero sin lastimar a otros.

Hay momentos en los que se puede y hay momentos en los que simplemente explotas. Y también está bien. Lo que quiero es que puedas llegar al espacio en el que te puedas observar sin juzgarte, porque al hacerlo puedes entrar en el *loop* en el que no te dejas sentir la emoción y te acabas sintiendo culpable por todo. Entonces no se libera la energía, sino que se atora en un círculo vicioso.

Si no puedes sentirla en ese momento o soltarla te recomiendo que te des un espacio antes de acabar tu día para hacerlo y que esa energía no se quede guardada. Esto es un regalo de ti para ti, no hay nada como vivir ligeritos.

Se requiere de mucho valor para sentirse y dejarse ser vulnerable. Pero hay tanta magia al atravesar la incomodidad que de verdad lo vale. Por eso empecé este libro con el capítulo de "Vivir con conciencia", porque solo estando presente puedes mover tu energía.

Una de las herramientas que más me han servido para creencias o liberar emociones es el ya mencionado *The Work* de Byron Katie. Ella tiene muchos libros en los que explica cómo aprendemos a expresar nuestras emociones cuando somos pequeños, de la forma en la que vemos cómo nuestros papás atraviesan las suyas. Entonces te hace regresar en el tiempo para cuestionar tu infancia.

¿Cuando eras niño veías que los adultos podían vivir sus emociones o tenían que censurarlas? ¿Cuando tú sentías una emoción de pequeño qué pasaba?, ¿te sentías abrazado con esa emoción o sentías que tenías que cambiarla para estar bien?

Creo que a muchos de nosotros nos decían "Tranquilízate, no pasó nada", y trataban de distraernos de esa emoción o de ese sentimiento que estábamos experimentando. Y como aprendimos a cambiar el canal muy rápido, se volvió un hábito. Pero ¿qué pasaría si en lugar de eso ahora nos diéramos permiso de elegir, reaprender el funcionamiento de nuestras emociones y eligiéramos vivir presentes y conscientes?

Identificando cómo te sientes

Hace algunos años, mi esposo y yo tomamos un curso para mejorar como pareja. Ahí nos mostraron la importancia de saber identificar cómo nos sentimos y de dónde vienen las reacciones que tenemos. Fue entonces que aprendí que la mayoría de las emociones vienen de siete principales, según la rueda de las emociones de Plutchik. David R. Hawkins en *La explicación del mapa de la conciencia* hizo también unas gráficas con las distintas frecuencias a las que vibran las emociones. Estas son útiles para entender que en nuestro proceso podemos ir brincando de una emoción a otra para que se transforme alguna situación específica.

En la siguiente imagen retomo esa idea. Esta lista comienza con la emoción de frecuencia más alta y continúa de manera descendente:

NIVEL	ESTADO EMOCIONAL ASOCIADO
* iluminación	* inefable
* paz	* dicha
* alegría	* serenidad
* amor	* veneración
* razón	* comprensión
* aceptación	* perdón
* voluntad	* optimismo
* neutralidad	* confianza
* valor	* afirmación
* orgullo	* desprecio
* enojo	* odio
* deseo	* anhelo
* miedo	* ansiedad
* pena	* arrepentimiento
* apatía	* desesperación
* culpa	* culpa
* vergüenza	* humillación

Cuando yo vi estas gráficas por primera vez me supersorprendió que la emoción con más baja frecuencia fuera la vergüenza y la más alta fuera la iluminación, ¿a ti no? Y es que, si te fijas, hay muchas veces en la vida en las que alguna situación nos lleva a sentir algo y podemos quedarnos ahí por muchísimo tiempo, otras en las que nos movemos como por capas y subimos, por ejemplo, de la culpa a la apatía, de esta al miedo, luego al enojo, a la aceptación, etc., y así subimos en la escala de emociones hasta sanar y soltar.

Amor propio

Se habla muchísimo del amor propio y de lo importante que es cultivarlo en nosotros mismos. Para mí es justo abrazarnos completitos con lo que nos gusta y no de nosotros sabiendo que somos imperfectamente perfectos, con todo lo que somos. Únicos, especiales, irrepetibles, sé que lo repito mucho pero quiero que lo leas varias veces porque siento que no a todos nos lo han dicho en nuestra vida, y saberlo cambia todo.

Ser tú es tu superpoder, pero además es desde donde más contribuyes. Nunca te vas a volver a repetir, y qué desperdicio sería pasar por la vida sin abrazarte y compartirte como eres, ¿no crees?, ¿de qué hubiera servido venir a la tierra para fingir ser alguien más por no amarte tal cual?

El amor propio es algo que se cultiva todos los días y desde mi punto de vista verte desde la compasión y maravillarte contigo mismo hace toda la diferencia. Cuando tú pones la intención de verte desde esos espacios en lugar de desde el juicio, tu manera de verte cambia por completo. Empiezas a sentir total gratitud por ti y por quien eres sabiendo que no solo estás haciendo lo mejor que puedes sino que al hacerlo también les das permiso a los demás de hacer lo mismo.

Algunas herramientas que más transformaron mi forma de verme y abrazarme han sido:

- Agradecer todos los días por escrito cinco cosas que me gustaron de mí.
- El ejercicio del espejo de Louise Hay.
- *The Work* de Byron Katie.
- Afirmaciones.
- Pedirles a mis ángeles de la guarda su ayuda para verme a través de sus ojos.
- Darme un *high five* a mí misma todos los días en el espejo. Mel Robbins escribió un libro que se llama *The High Five Habit* en el que habla de cómo ponerle una intención a su día o a ciertas situaciones y darse un *high five* en el espejo transformó su manera de vivir para tener mucha más confianza en ella.
- Aplaudirme y celebrar mis logros, desde los más pequeños como tomar acción en algo mini que me daba miedo hasta los más grandes como escribir mi libro.
- Elegir quererme, cuidarme, apapacharme y escogerme a mí de alguna forma todos los días con pequeños detallitos para mí.
- Si el miedo me hace dudar de mí, elijo conscientemente saber que por algo y para algo estoy aquí y que soy completamente capaz de hacer lo que quiero aunque tenga que hacerlo con todo y miedo.

Creo que el amor propio es una de las cosas que más confianza nos dan y que más nos ayudan a conectar con nosotros mismos.

Bloquear ciertas emociones, lejos de hacerte bien, te hace un daño tremendo. Es como querer quitarte una parte de ti. Es hacer algo muy poco compasivo contigo. Una consecuencia de tener amor propio es darte mucho más permiso de abrazarte. Está bien sentir eso que sientes. Cuando sentimos nuestras emociones, abrimos y expandimos el campo energético de nuestro corazón, y al hacer esto expandimos toda nuestra energía y nos abrimos a recibir.

El secreto está en ir sintiendo cada una de las emociones sin quedarte estancado o siendo víctima de esa emoción y sintiedo que no puedes salir de ahí. Salir de ahí también es una elección. ¿En el momento en el que te sientes un poco ligero, entonces puedes hacer las preguntas: "¿Qué puedo ser y hacer para elevar mi frecuencia un poco más? ¿Qué requiero ser y hacer para elevar mi frecuencia un poco más?". Y algo que siempre me funciona es preguntarme algo que me dijo Vane Grunwald, una *coach* de crianza consciente increíble —con ella y Ariel, su esposo, tomamos el curso de pareja que mencioné antes—, que es: "¿Qué puedo hacer fácilmente en este momento para sentirme mejor?". Puede ser algo tan sencillo como salir a caminar o tomarte una taza de café, forzar una sonrisa en tu cara o bailar. Cualquiera de ellas te ayudará a ir moviendo esas emociones, esa energía, e ir transformándola en algo diferente. Espero que todo esto te funcione.

Si puedo dejarte algo en este capítulo es que creo que vivimos en un mundo en el que glorificamos a la felicidad, desde un concepto como de perfección que en realidad no existe, creyendo que es un todo en lugar de ir encontrándola en momentos expansivos que se suman, y tendemos a tachar de malo a todo lo demás. Buscamos no estar tristes, no estar enojados y solo vivir las emociones que nos dicen que están bien. Tenemos muy etiquetadas las emociones como buenas o malas, pero si yo te puedo dejar algo, es justo que *las emociones son simplemente energía en movimiento.*

Por muchos años busqué la perfección, hasta que entendí que la vida es mucho más rica desde la paz, la libertad y la plenitud. Que nunca vas a tener una vida perfecta, ni tampoco van a estar perfectas todas las condiciones que crees que tienen que estar para crear lo que quieres hacer. Realmente se trata de vivir al máximo mientras estamos aquí, abrazándote a ti y honrando quién eres en cada momento.

Vivimos como persiguiendo de alguna manera la idea de la felicidad casi perfecta, y no sé si te diste cuenta de esto, pero algo que me impresionó muchísimo es que en la tabla de la frecuencia de las emociones no está mencionada. Para mí la felicidad se construye de momentos. Yo creo más en la alegría, en la alegría de vivir cada momento y disfrutarlo. Porque creo que, aunque estés viviendo una situación de tristeza, puedes también disfrutarla, puedes disfrutar todo.

En los momentos en que sientas que la emoción es más grande que tú, pide ayuda, a veces necesitamos un empujón para salir. La vida no está hecha para transitarla solos, es mucho más enriquecedora y divertida viviéndola con una tribu de personas con las que elijas compartir(te).

Hasta hace algunos años pensaba que solo podía sentir una cosa a la vez. Desde que me convertí en mamá me hice muy consciente de cuántas emociones pueden coexistir en un mismo momento. La incertidumbre, a veces ansiedad, la duda y el cansancio al convertirme en mamá cada vez, combinados con la alegría, maravilla y amor infinito que puedo sentir al ver a mis hijos, mezcladas en un mismo momento es increíble. Cuánto se enriquece la vida cuando nos damos permiso de sentirlo todo, ¿no?

Tips para honrar tus emociones

- Pedirles a tus ángeles que te ayuden a transitar estas emociones.

- Y un gran tip que no quiero dejar de enfatizar, sobre todo para las personas altamente sensibles, es devolverlo todo. Primero quitarte la etiqueta de persona altamente sensible y que entonces por eso no puedes hacer ciertas cosas. Destruirla, descrearla y devolverla hace una gran diferencia. Yo me considero una persona altamente sensible y aunque es algo que me suma mucho y que valoro mucho, destruyo y descreo toda la limitación que esa etiqueta me trae. Porque muchas veces nos compramos la idea de que si somos altamente sensibles entonces no podemos funcionar en espacios donde hay muchísimas personas y eso no es cierto, puedes funcionar perfecto en esos espacios, simplemente es cosa de estar un poco más presente, dejar fluir la energía mejor, estar presente contigo, estar consciente de si estás absorbiendo de los demás y constantemente devolver todo lo que no es tuyo y disfrutar todo lo que sí lo es. Devolver las limitaciones de las etiquetas que nos hemos puesto a nosotros mismos. Destruir y descrear esas limitaciones y abrazar todo lo que eres hoy y todo lo que puedes hacer con esa sensibilidad, con esas emociones para vivir al máximo.

○ Pedirles ayuda a tus ángeles en temas relacionados con emociones y la comunicación de estas:

Miguel	...que te ayude a cambiar de canal, como te había platicado en "Vivir con conciencia" y en la introducción. También puedes pedirle que con ayuda del Arcángel Jofiel te ayude a comunicar alguna de las emociones que te cueste trabajo o que te dé valor para hacerlo de manera clara y desde tu corazón.
Gabriel	...que te ayude a comunicar claramente lo que hay en tu corazón, pues es el arcángel de la comunicación.
Jofiel	...que embellezca el mensaje para que la otra persona pueda recibirlo mejor, él es el arcángel de la belleza.
Chamuel	...que te ayude a encontrar las palabras precisas para que la otra persona pueda absorber el mensaje de la mejor manera posible y que juntos puedan construir algo grandioso con esa información. Es el arcángel que encuentra.
Metatrón	...que te ayude con su magia a que la conversación te una más a la otra persona y que salga algo bueno de ella.

ESENCIA

Desde mi punto de vista, nuestra esencia es luz y la energía es la forma en la que se expresa o que se comprueba que está ahí.

Siendo tú y tu energía

Hablar de nuestra esencia y energía es algo que me tiene ultraemocionada. Aunque aparecen al final, son los temas centrales del libro.

Desde mi punto de vista, nuestra esencia es algo que no se puede describir con palabras. Es un ser que habita en nuestro cuerpo, algo mucho más grandioso de lo que esta realidad puede captar. Es la divinidad experimentándose a sí misma en esta vida para sentir la dualidad, las emociones, y así descubrir de una manera distinta cómo puede aprender más a través de la experiencia en este plano, cómo puede contribuir desde aquí.

Creo que cuando nacemos llegamos al mundo siendo completamente nosotros mismos. Pero en el camino somos influenciados por todo nuestro alrededor para "aprender" a vivir aquí. Y aunque desde que estamos en el vientre esa esencia tiene ya influencia de nuestros papás, es en ese momento cuando más cercanos estamos a ser nosotros mismos.

Por eso cuando vemos a un bebé recién nacido sentimos algo tan especial, porque vemos este reflejo de nosotros en una personita de ese tamaño, del gran potencial que tenemos. Si te fijas, un bebé no necesita hablar, sonreír o caerle bien a nadie para que sientas su presencia, esa conexión y expansión cuando lo ves y cuando lo abrazas. Un bebé no está en juicio, está siendo completamente él, sin necesidad de caerle bien a alguien o deber ser.

A lo largo de la vida vamos perdiendo nuestro centro y esencia porque adoptamos los puntos de vista de nuestra familia, de quienes nos rodean y también los de la sociedad en general con la intención de aprender a vivir aquí. Eso hace que muchas veces renuncies a ciertas partes de ti para encajar porque crees que eso es lo que se debe hacer para vivir en esta realidad.

Hoy quiero invitarte a destruir y descrear todo lo que has hecho para encajar en esta realidad y para "editar" las partes de ti que has sentido "que no te sirven" para ser "normal".

De verdad tú eres un regalo en este planeta. Por algo y para algo elegiste venir en este momento a contribuir y a aprender en este lugar. No va a haber nadie en el mundo ni en la historia, ni antes ni después, que sea exactamente lo que tú eres, tal cual eres, con esas etiquetas de virtudes e imperfecciones que tú sientes que tienes. Eres un paquete perfecto, así, con esa imperfección para esta realidad. El chiste está en que te lo creas, en que realmente te abraces completito y que te dejes de editar y de querer encajar en una realidad hecha no sé ni por quién, que te dice que no estás bien. No hay nada erróneo en ti. Así, tal cual eres, eres perfecto.

Ahora, después de tanto tiempo de vivir en este mundo, ¿cómo sabes que estás siendo completamente tú? Cuando vives con una expansión y una ligereza impresionante, y cuando no te importa lo que opinen los demás, estás siendo tú. Cuando el dinero y las cosas fluyen y la creatividad es parte de tu vida, estás siendo tú. Cuando sientes que la vida te sonríe, cuando te sientes el consentido del Universo, cuando te sientes realmente expandido, alegre y disfrutas de estar en el lugar en el que estás sin importar cómo se vea, estás siendo tú. Eres una enorme contribución para este mundo cuando no tienes que pedir ni permiso ni perdón para ser tú.

Y cuando abrazas todo lo que eres, eres magia pura. Porque a eso viniste, a ser magia pura. Si cada uno de nosotros fuéramos nosotros mismos, claro, el mundo no tendría mucho orden y mucha estructura, probablemente porque habría tantos caminos como personas, pero viviríamos en un mundo tanto más rico y tanto más feliz. Porque si todos viviéramos expandidos y plenos, entonces nos contagiaríamos mutuamente de esa autenticidad.

Va incluso más allá de esto. Cuando estás siendo tú, además les estás dando permiso a las demás personas de ser ellas mismas. Cuando estás viviendo desde el deber ser te conviertes en esta cosa como muy cuadrada y gris.

No sé si leíste *Momo*, un libro para niños que a mí me marcó muchísimo cuando lo leí de chiquita. Este libro hablaba de cómo Momo, la protagonista, junto con una tortuga que se llamaba Casiopea, se enfrenta a unos "hombres grises". Cuando no eres tú, te conviertes un poco en un hombre gris que quiere convertir a los demás en hombres grises también, alguien que, al sentirse encasillado, quiere controlar a los demás hacia un estilo de vida similar. Yo creo que al ser únicos y especiales, hay tantos caminos como personas, y estoy convencida de que todos y cada uno de nosotros tenemos mucho que contribuir a los demás con el simple hecho de estar.

¿Te ha ocurrido que en ocasiones llegas a un lugar vacío y después de que lo haces ese lugar se comienza a transformar? Tal vez incluso alguien se sienta cerca de ti o te empieza a platicar de temas superpersonales o profundos. Este tipo de cosas pasan cuando estás siendo tú, porque estás tan conectado con tu ser, que no hay nada que tengas que decir ni que hacer para que las otras personas se sientan conectadas a esa esencia. No tienes que hacer algo concreto para sobresalir, para valer. Por el simple hecho de existir eres infinitamente valioso. No se le puede dar un valor a algo infinito e ilimitado. Tú eres un imán de abundancia porque eres abundancia. Tu estado natural de ser es abundancia. Tu estado natural de ser es amor infinito, salud, alegría, y vibrar alto porque así es tu esencia. Tienes todas las posibilidades a tu alcance.

¿Qué se necesitaría para que nos demos permiso de ser nosotros mismos sin las etiquetas de lo que creemos que somos?

Si yo te pidiera que describas quién eres, lo más probable es que me describieras todo lo que tu esencia está experimentando en este plano. Porque en realidad tú no eres los papeles que estás tomando, las acciones que estás haciendo, lo que estás queriendo contribuir; todas estas son etiquetas que nos van o vamos poniendo para funcionar desde ahí. La verdad es que tu esencia puede ir cambiando y evolucionando todos los días. Puede ser un regalo diferente para esta realidad, pero nos asusta tanto el cambio porque hemos aprendido a evadir el caos.

¿Qué tendría que pasar para que hoy elijas ser tú mismo y lo vuelvas a elegir mañana?

Unas preguntas que me ha contribuido muchísimo para darme permiso de ser yo son:

- ¿Quién soy hoy y qué grandiosas y gloriosas aventuras me esperan?

- ¿Cuánto más puedo recibir la enorme contribución que el Universo tiene para mí?

○   ¿Cuántos milagros están disponibles para mí hoy?

○   ¿Si estuviera siendo yo misma, qué elegiría aquí?

Porque cuando tú estás viviendo desde ese punto, todos los días puedes elegir algo diferente. Si ayer eras una mamá aprensiva, hoy puedes ser una mamá alegre y libre. Si ayer eras un artista, hoy puedes ser un contador. Y te lo digo así porque creo que vivimos además en un momento donde todo el conocimiento está al alcance de nuestras manos. Muy pocas personas no tienen un celular, un libro o acceso a la información de alguna manera u otra. Si tú quieres acceder a la información, encontrarás la manera de acceder a ella.

Venimos a este mundo a ser una contribución. Tus ángeles, tus guías y el Universo te respaldan siempre porque nos quieren ver brillar. Ellos siempre me dicen que si cada uno de nosotros estamos felices, plenos y en paz, el mundo entero estaría feliz, pleno y en paz.

Eres muy valiente, ya eres un campeón, porque de verdad que todo lo que tomó y todo lo que toma todos los días para que tú estés aquí es milagroso. *¿Qué se requeriría para que aproveches este día al máximo donde quiera que estés?* Aprovechar este día al máximo puede verse como hacer lo que haces todos los días, disfrutándolo al máximo. También puede ser despertar un día y decir bye, ya no quiero nada de esto. Y ahora me permito irme de viaje y ver qué quiero hacer.

Si yo me hubiera creído todas las etiquetas que me han puesto durante la vida, uf, no estaría escribiendo este libro en este momento, te lo aseguro. Como ya dije, de chiquita me compré el cuento de que era sumamente penosa e introvertida y que no me gustaba tanto convivir con la gente. Pero un día decidí quitarme esa etiqueta y ahora amo convivir con gente.

Descubrí que tengo un lado muy ermitaño y otro muy sociable, y que eso para mí está bien. Así que todos los días voy viendo cómo me voy sintiendo y creando un balance a partir de conectar conmigo.

Otro ejemplo es que cuando acabé la carrera en Diseño Gráfico me aferré a la idea de que, si eso había estudiado, tenía que trabajar en una empresa de diseño o alguna agencia de publicidad. Entré a una agencia que se me hacía supercool, pero me mandaron a trabajar dentro de la típica empresa, que no me pareció nada creativa ni divertida cuando llegué. Al principio yo no quería estar ahí, me estaba resistiendo muchísimo porque había concluido que eso no era lo mejor para mí. Al mes fui a renunciarle a mi jefe de entonces, que ahora es un gran amigo, pero me pidió que le diera unos meses y estuviera abierta, porque sabía que me iba a gustar pero que tenía que pasar el periodo de adaptación que al principio puede ser muy incómodo. Tenía razón, ha sido de los trabajos más creativos, divertidos y expansivos que he tenido y de las mejores épocas de mi vida. Si me hubiera quedado con la idea de que no estaba en el lugar adecuado para mí sin abrirme a experimentar y recibir, me lo hubiera perdido.

Después de esa etapa pasé a estudiar para hacer zapatos y accesorios y trabajé por muchos años con mi familia diseñándolos. Fui muy feliz hasta que llegó el punto donde eso ya no me llenaba. Y aunque cada que veo a alguien con algo que yo diseñé me siento en expansión total, encontré algo que me hace sentir plena: los ángeles.

Estos son ejemplos de cómo al darnos chance de quitarnos las etiquetas y abrirnos a las infinitas posibilidades nuestra esencia siempre busca reinventarse y crecer de formas que no puedes ni imaginar porque está en transformación constante.

Cuando decidí salirme de la empresa familiar me costó más que nunca quitarme las etiquetas que me había puesto de pertenecer a mi familia de forma especial por trabajar ahí, de ser importante por el puesto que tenía, pero sobre todo me costó renunciar al sueño y la expectativa que tenía mi papá de que trabajara en la empresa familiar y siguiera el legado de mi abuelo junto con mis hermanos, y soltar la idea de que estaba renunciando a "ocupar mi lugar en el mundo".

Una decisión no implica que una puerta se cierre para siempre, muchas veces implica que la puerta siempre estará abierta. Mi creatividad no acabó con mi elección de algo nuevo para mí, tampoco con la relación con mi familia. Renunciar me permitió encontrar mi esencia en mi trabajo con ángeles y todo lo que he ido descubriendo después. Jamás lo hubiera podido hacer sin estar dispuesta a perderlo todo y a la incomodidad de aventarme al vacío para reinventarme una vez más.

Me certifiqué, empecé a dar sesiones, me di cuenta de cuánto me llenaban, y por supuesto que pensaba: "¿La diseñadora haciendo sesiones de ángeles? ¿Quién me va a creer?".

Mucho de lo que nos va limitando en esta realidad es que vamos tomándonos la vida demasiado en serio. Y esto aplica también para las cosas en las que concluyes que tu esencia está plasmada por completo. En mi caso, pude encontrarme en el diseño, en la comunicación con los ángeles, pero si me hubiera quedado solo con eso no habría tenido conciencia y apertura hacia la posibilidad de crear mi propia marca de joyería. Pero todas estas son actividades y entender que eso no define quién soy yo me tomó mucho tiempo. Al saberlo tengo la libertad y la capacidad de reinventarme cuando mi esencia lo vaya pidiendo.

Lo que vincula a cada una de esas actividades es justo mi esencia, la forma única y especial que tengo de hacer estas cosas y la energía que eso le imprime a cada cosa que hago.

Un ejemplo de esto es usar el poder de la intención y palabras en los zapatos, en mi joyería, en mis plumitas de los ángeles, en las sesiones y cursos que hago y hasta en este libro. ☺

Cuando me convertí en mamá volví a sentir que me perdí por un rato en mis ideas y expectativas de lo que para mí era ser "buena mamá". Hasta que empecé a cuestionarme: "Si estuviera siendo realmente yo, ¿hoy qué haría en esta situación?", y así poco a poco he ido también logrando transformar esas etiquetas en una manera de ser mamá muy mía.

El problema de apropiarte de las etiquetas que te asignan otras personas para cumplir un rol es que comienzas a tomarte todo mucho más en serio para cumplir con las expectativas de ese rol. Entonces, no solo sientes que tienes que ser responsable por ti, sino por las demás personas. Y con los demás me refiero no solo a aquellos que te ponen las etiquetas, sino a aquellos relacionados a la etiqueta que te fue asignada. Por ejemplo, si me encasillan en la idea de una buena madre, quizá comience a llenarme de preocupaciones sobre quiénes van a ser mis hijos de grandes, cómo van a crecer y si serán o no felices. Si me dicen que soy una mujer que funciona como el pegamento en un equipo de trabajo, quizá comience a asumir que las dinámicas de trabajo son mi responsabilidad y buscaré mediar a otros. Estos ejemplos, como puedes ver, apuntan a que podemos comenzar a querer ganar más control no solo sobre nuestras situaciones, sino las de otros, y esto no es muy sostenible. ¿Podemos aprovechar para destruir y descrear todo lo que esto es y trae para ti?

Hoy entiendo que todos tenemos elección en esta vida. Todos, incluso los bebés y los niños. Todos tenemos elección, todos elegimos la vida que queremos, todos elegimos a nuestros papás, para experimentar lo que nuestra esencia quiere en este mundo. Por lo tanto, todos elegimos día con día en quién nos queremos convertir. Y por eso vuelvo a decirte que lo más importante de esto es abrazar el regalo de ser tú y preguntarte una vez más: Si realmente estuviera siendo yo, ¿cómo elegiría vivir este momento? Solo así te darás cuenta de que vivir desde la pregunta te permite evitar comprarte realidades ajenas para abrazarte en tu grandeza, en tus intenciones de contribuir desde tu esencia.

Creo también que una mentira que nos hemos comprado socialmente es que las cosas no pueden ser fáciles, que tienen que ser difíciles, que tienes que chingarle mucho para merecer.

Pero lo que te es fácil es parte de tu esencia, es parte de tu ser, es parte de lo que vienes a compartir, de lo que eliges compartir y por eso viene tan fácil para ti.

Si para ti los números vienen regalados, te tengo una noticia: para mí cero —y aunque esta etiqueta que me he puesto también la destruyo y descreo todo el tiempo en mi vida—, la realidad es que algunos tienen facilidades únicas para ciertas cosas e, incluso, si crees que tu mismo talento lo tienen muchos allá afuera (y probablemente sea cierto), la realidad es que el hecho de que tú lo tengas, por tu esencia, hará que lo que hagas ya tenga un sello totalmente distinto que contribuya a personas completamente diferentes a las que contribuirá la otra persona con la que compartes talentos.

Muchas veces tenemos sueños relacionados con esos talentos o facilidades tan únicas, pero por pena, miedo o sentirnos no suficientes, los escondemos por mucho tiempo y a veces no los cumplimos por miedo al juicio.

Lo que tú vienes a hacer de la forma en la que vienes a hacerlo nadie más lo puede hacer por ti. Si a ti te da pena o no lo haces por quedarte chiquito o alguna otra razón, le quitas al mundo y a las demás personas no solo el privilegio sino la oportunidad de tener esa información, porque yo estoy segura de que antes de venir a la Tierra, quedamos con un grupo de personas en ir armando una especie de rompecabezas, en el que cada quien tiene una pieza. Si tú te quedas sin compartir la tuya, el rompecabezas se queda incompleto.

No lo digo para que te sientas culpable sino para que sepas que eso que quieres compartir lo está buscando alguien más y hagas lo que requieras para compartirlo.

Las personas no nos encontramos por casualidad. En el libro *Morir para ser yo*, Anita Moorjani dice que esta realidad es como un tapete y cada uno de nosotros y nuestra vida son los hilos que lo van formando o tejiendo. Todos somos hilos entrelazados en un gran tapete, pero mientras estamos aquí no vemos cómo nuestro hilo es arte del tapete porque no vemos el todo sino solo un pedacito, por lo tanto no tenemos idea de a cuántos otros hilos estamos tocando, ni de lo que eso está construyendo en total. Si uno de los hilos no está o se empieza a deshilachar —al no ser tú mismo— el tapete pierde fuerza y puede romperse o quedarse incompleto. Cada hilo es perfecto en el lugar en el que le toca estar.

Cuando abrazas quien eres, puedes contagiar eso a las demás personas. Pero sobre todo tu experiencia en esta realidad se vuelve completamente disfrutable. *¿Qué pasaría si te digo que vienes a este mundo a disfrutar? ¿Qué porcentaje de ti está viviendo lo que en realidad quieres vivir? ¿Qué puedes ser o hacer hoy para acercarte a esa versión de ti que sí puede disfrutar de crear esa vida grandiosa, esa vida expansiva?*

Insisto, con esto no quiero decir que no va a haber dificultades en tu vida, por supuesto que las habrá porque es parte de lo que elegiste, porque de otro modo no estarías aquí. Si quisieras solo vibrar alto, en amor y en la frecuencia más alta, no estarías en este plano. Elegiste venir aquí para reencontrarte mientras vives todo esto. ¿Qué tanto más puedes ser tú viviendo esas dificultades o viviendo tales situaciones?

Si hoy se acabara tu vida y reencarnaras, no serías la misma persona que eres hoy. Tú eres un regalo que no volverá a ser. Entonces *¿qué se requiere para que lo percibas, reconozcas y recibas, para que sepas que eres un regalo grandioso para ti mismo y para otros?* Estás aquí ahora por algo y para algo, así lo elegiste tú. ¿Qué es lo que eliges crear? Deja de compararte con los demás. Deja de pensar que estás mal por sentirte diferente a lo típico. Deja de tratar de vivir para encajar en este mundo "real". Porque el mundo "real" no es lo real. Acuérdate que 99% de lo que somos en este plano es simplemente energía, solo 1% es la materia, eso quiere decir que tu cuerpo está dentro de esta esencia máxima y no al revés. Tu cuerpo es una pequeñísima parte de quien eres y es el vehículo para experimentar esta realidad.

Pero ¿quién eres en realidad?

EJERCICIO: CONOCIÉNDOTE

Este ejercicio lo aprendí de Deepak Chopra:

- Cierra los ojos y respira profundo, relaja todo tu cuerpo de la cabeza hasta los pies, más y más con cada respiración. Ahora pregúntate: "¿Quién es (inserta aquí tu nombre y apellido)?". Por ejemplo, el mío: "¿Quién es Nicole Domit?". Percibe todo lo que te llega con esa energía, las etiquetas que tienes, los papeles que juegas, etc.

- Ahora pregúntate solo con tu nombre; en mi caso: "¿Quién es Nicole?". Haz una pausa y quédate respirando. Ve si puedes percibir la diferencia respecto a la pregunta anterior.

- La tercera pregunta hazla con el apodo con el que más te identifiques en tu infancia, en mi caso: "¿Quién es Nic?". ¿Notas cómo todo va siendo más ligero? Quédate en ese espacio unas respiraciones.

- Y ahora pregúntate: "¿Quién soy?". Quita tu nombre. Simplemente pregúntate: ¿Quién soy? Sin todas las etiquetas. ¿Quién soy? Esto no es mental, solo percibe el espacio y quédate aquí unas respiraciones. ¿Qué tal? ¿Percibes un espacio mucho más grande, mucho más ligero, mucho más expansivo?

En esta última pregunta puedes percibir tal vez espacio, o vacío, porque no está lleno de etiquetas sino de posibilidades.

Desde ahí, percibe cómo puedes conectar con todos los demás. Cómo puedes conectar con ese amor, con esa abundancia infinitos que te caracterizan. Porque eso es quien eres tú. Y entonces pregúntate: "¿Quién soy yo hoy y qué grandiosas y gloriosas aventuras están disponibles para mí que nunca lo habían estado? ¿Quién soy yo hoy y qué grandiosa contribución puedo ser para los demás?".

También puedes destruir y descrear tu relación contigo mismo, tus etiquetas y todo lo que crees que eres todos los días, para que te permitas entonces ser, realmente ser. Tal vez te gustaría también destruir y descrear todo lo que crees erróneo en ti que te hace increíble y que realmente es un superpoder.

¿Qué es lo que te hace tan especial? ¿Qué es eso que el mundo está esperando de ti? Pero no desde el deber ser, sino desde este espacio de "¿qué regalo y qué contribución puedo ser para el mundo?". Porque cuando tú eres esa contribución, ¿qué tal que lo único que se requiere para que el mundo entero cambie es que tú te des permiso de ser tú? El mundo es un lugar mucho mejor desde que existes tú. Contigo nacieron todas las posibilidades de los milagros, del potencial que solo tú puedes traer a esta realidad.

Tu energía, tu magia, tu esencia y talentos son necesarios en el mundo en este momento y por eso elegiste estar aquí ahora, para contribuir con eso que solo tú puedes contribuir siendo tú. A muchos nos enseñaron a no creérnosla, hacernos chiquitos, a que la vida no puede ser tan fácil. Pero si vivimos sin abrazar nuestra potencia, le quitamos al mundo el regalo que solo nosotros podemos compartir.

Tal vez te gustaría solo ser tú y solo ser ese regalo.

Existen infinitos caminos porque cada uno de nosotros somos únicos y especiales. No quieras ir por el típico camino si sabes que ese no es para ti, date chance. Sé amable contigo. Tal vez te gustaría inaugurar tu propia forma de hacerlo y tu propia forma de vivir. Tal vez te gustaría saber que eso es una gran contribución para los que vienen atrás de ti que no sabían que era posible. *Tal vez te gustaría reconocer la enorme invitación que eres para los demás, para ser ellos mismos cuando estás siendo tú mismo.*

Cambiar está bien. Dedicarte a lo que es fácil para ti también está bien.

No te tomes la vida tan en serio y disfruta, que a eso venimos y se acaba muy rápido. Ahora, como te digo, tú eres un ser infinito e ilimitado. Eres una energía, eres una esencia, eres un alma, eres una parte de la divinidad experimentando esta realidad. Eso quiere decir que no eres materia y al no ser solo materia quiere decir que te vinculas y te comunicas con los demás a través de la energía.

Vivir en la pregunta es un enorme regalo. Esto ha sido lo que más me ayuda a mí a saber quién soy y sobre todo saber que no soy mis pensamientos, no soy mis emociones, no soy mis ideas, no soy mis puntos de vista, no soy mis opiniones, no soy mis creencias. Todas esas cosas son etiquetas y son experimentos que estoy haciendo en esta realidad. Yo no soy nada de eso. Soy esencia, soy energía, soy luz, soy amor, soy abundancia. Y tú también. Soy una gran contribución y tú también lo eres.

Al vivir en la pregunta, todos los días puedes percibir algo distinto, pero es que esa es la magia de vivir, que todos los días puede haber posibilidades distintas. Incluso en los compromisos que ya hiciste. Si te permites ser la persona que quieres ser, cada 10 segundos vas a vivir una realidad que ni siquiera te hubieras imaginado, una realidad mucho más expansiva, mucho más plena.

Otro gran regalo desde mi punto de vista es usar nuestro poder creador para destruir y descrear todos los pactos, votos, promesas, juramentos que has hecho en esta y otras vidas porque te da mucha más libertad para realmente ser tú. Igual que al usarlo para destruir y descrear todos tus juicios, tus expectativas, tus separaciones, todos tus puntos de vista y todo lo que has sido hasta este momento, porque te abres a las infinitas posibilidades de quién puede ser y cómo puedes experimentar la vida.

Activas este poder energético simplemente usando estas frases de "destruyo y descreo tal cosa", pero además percibiendo el espacio que se crea al hacerlo.

Si esto suena muy elevado o muy raro en este momento, puedes también hacerlo pidiéndole al Arcángel Miguel que corte los lazos con todas las cosas que ya no te contribuyen, como relaciones, situaciones, lugares, puntos de vista para liberarte de ellas y que puedas avanzar más fácil en tu camino. También puedes pedirle que te guíe para crear nuevas conexiones contributivas y expansivas para ti que te ayuden a vivir más desde tu ser auténtico. Con solo pensarlo o pedírselo él hace el corte y te sientes con mucha más libertad.

Del mismo modo te puede ayudar a aspirar todos los días tu energía para limpiar todo lo que ya no requieres, lo que no te contribuye, lo que absorbiste de los demás, además de tú devolverlo. Esto te ayuda a vivir más ligerito, más en paz, más conectado contigo; pídeles a tus ángeles de la guarda y al Universo constantemente que te muestren cuánto más puedes ser tú hoy.

Cuando estás siendo tú, no estás bloqueando tu posibilidad de recibir, al revés, la estás abrazando al máximo.

Al preguntarte ¿qué contribución puedo hacer hoy y dónde se requieren mi presencia y mi esencia? también te abres a la posibilidad de ser una mayor contribución para los demás.

Gabby Bernstein dice que ella les pregunta todos los días a su esencia y a sus guías: "¿Quién querrían que fuera? ¿A dónde querrían que me fuera? ¿Qué querrían que hiciera? ¿Qué querrían que dijera?".

NO HAY NADIE MÁS TÚ QUE TÚ

there is no one alive who is youer than you

— Dr. Seuss

Siendo auténticamente tú

¿Cómo puedes saber cuándo estás siendo tú? Cuando todo fluye, cuando literalmente eres tú, sin pedir permiso y sin pedir perdón. Tengo unos ejemplos muy claros y tangibles que puedes ver, casos de artistas como Taylor Swift. No sé si cuando leas este libro va a ser igual, pero en 2023, cuando lo estoy escribiendo, ella está explotando en un nivel de grandiosidad muy impresionante. Siempre ha sido muy auténtica y ha tenido su forma muy particular de hacer las cosas y abrir su propio camino, siendo muy ella y conectando desde ahí con la gente de una forma muy especial. Pero ahora siento que literalmente está construyendo una nueva realidad para ella y la industria de la música entera. En algún momento cuestionó su contrato con la disquera que la había manejado toda su vida y, cuando quiso salirse de ahí, perdió el control de su música. Después de pelear eso por todos los medios conocidos y no lograr algo justo, compartió con el mundo lo que estaba pasando, abrazó todo su poder y toda su energía sin pedir perdón ni permiso para ponerla en algo brillante. En los últimos años eligió regrabar todas sus canciones desde cero —cosa que no creo que sea lo más fácil ni cómodo pero seguro sí lo más expansivo para ella.

Claro, las críticas no han faltado, pero ella tiene una fuerza y autenticidad únicas que hicieron que no solo sus fans la respaldaran sino también las estaciones de radio más importantes. Así recuperó el control completo de sus creaciones, pero además logró influir sobre las regulaciones y filtros para empresas de boletos tan grandes como Ticketmaster, de forma que sus seguidores y ella se vieran beneficiados. Y no todo quedó ahí, sus grandes ventas y su éxito se han visto expandidos en bonos a su equipo de trabajo. Por donde la veas es un gran ejemplo e invitación a crear mucho más para todos los que entran en contacto con su música. Y eso me parece que eleva la frecuencia cañón, no solo de ella y de sus creaciones, sino de la gente que tiene alrededor, creando mucho más para el mundo entero y una nueva era de mucha más autenticidad.

Pink es otro ejemplo de autenticidad que a mí me parece increíble. Ella dice que siempre fue muy criticada por no encajar y me encanta cómo le dio la vuelta a algo así para transformarlo en poder absoluto. Sabe que su voz influencia, así que conscientemente trata de usarla para la inclusión y algo positivo.

Es bastante rebelde, de ese tipo de rebeldía que tiene que ver con buscar más para todos y salirse de la típica caja. Es coreógrafa, compone sus canciones, produce, hace música increíble, y además da unos shows de impacto con la mezcla tan espectacularmente única de sus talentos y pasiones, como la música, el baile, el trapecio y las acrobacias. No conozco a ningún otro artista en el mundo que haga shows tan espectaculares como los suyos, realmente son únicos.

La energía en cada una de sus creaciones me parece mágica, grandiosa y muy única. Además es una mamá muy conectada con sus valores que, a través de su ejemplo, les está mostrando otra realidad y otras posibilidades no solo a sus hijos, porque se los lleva de tour con ella a todas partes, también a los millones de mamás que dejan ir sus sueños por la idea de que no combinan con la maternidad.

Sus mensajes están siempre llenos de inclusión y su forma de hacer las cosas es única, como ella, pues siempre busca formas de contribuir tanto a sus fans como a su equipo y a todos los que puede. Un ejemplo de esto es que en sus últimos conciertos por Estados Unidos regaló millones de libros que el gobierno de ciertos estados prohibió por los mensajes que tienen para empoderar a la gente, especialmente a las mujeres. Y otro increíble es que al ver que la industria desecha a los artistas y bailarines conforme van envejeciendo, ella ha decidido mantener a su equipo como su familia, dándole más sentido a lo que hace.

Me parece magia pura su manera de abrazar todo lo que ella es, todas esas cosas por las cuales la hicieron sentir inadecuada antes y crear con eso una potencia que yo no había visto. Su energía completa grita "siempre sé tú mismo sin pedir perdón ni permiso", con una especie de rebeldía que crea mucho más para el mundo entero.

Estos son solo un par de ejemplos entre millones de cómo cuando estás siendo tú, realmente puedes cambiar al mundo.

ENERGÍA

¡Y ahora sí, después de varios capítulos de mi vida y del libro, llegué a mi parte favorita! ¡La energía! La dejé hasta este momento porque creo que mi búsqueda y mi forma de vivir la vida han sido en este orden hasta que me trajeron aquí... Llegué a este capítulo en el que descubrí que la energía es lo mío, pero no hubiera podido llegar aquí sin reacomodar todo lo demás antes.

Me acuerdo perfecto de alguna clase de física en preparatoria con miss Lucía, cuando me explicó cómo funcionaban las moléculas, la energía y mi malviaje cuando dijo que esta realidad estaba formada mucho más por energía que por materia, al grado de que había personas que afirmaban que esta realidad podría no ser algo "real" y que incluso el tiempo "no existía". Me voló tanto la cabeza que me resistí, salí de malas de la escuela y me causó tanto conflicto que me acuerdo de ese día como si fuera ayer. Quién me iba a decir que casi 30 años más tarde no solo iba a entender perfecto lo que me dijo entonces como algo tan natural que ahora no entiendo cómo no lo pude ver en ese momento, sino que iba a estar escribiendo este capítulo de este libro e iba a ser el que más emoción me daría.

Pero así es la vida y aunque tengamos la información en frente, no podemos recibirla o realmente hacerla nuestra y entenderla hasta que estamos listos.

Hoy entiendo que ese día de la clase de física no pude recibir la información por el shock tan tremendo que me estaba causando por toda la energía que yo estaba usando para fingir que no sabía todo lo que sé de energía, por tratar de encajar y de "ser normal" desde lo que en ese momento entendía como "ser normal".

Ahora, ¿cómo poder poner en palabras todo lo que he descubierto con la energía de una forma que se entienda?

Ok, volvamos a la clase de física de miss Lucía...

Si regresamos a lo básico, sabemos que todo lo que existe está formado por átomos, que son más de 99% energía y menos de 1% materia, y eso lo conforma todo. Si empezamos por ahí, entonces es fácil entender que más de 99% de nosotros también es energía y solo 1% es materia, y lo mismo con lo que experimentamos como nuestra realidad. Entonces... qué ilógico es no funcionar, transformar y crear(nos) y crear nuestra realidad desde ahí, ¿no crees? Te lo cambio: ¿no sería mucho más congruente funcionar, transformar y crear desde ahí?

Muchas veces nos empeñamos en trabajar sobre lo visible y tangible, sobre aquello que nos parece obvio porque es lo que todo el mundo hace y como este mundo funciona, pero ¿qué será más fácil transformar, la energía "intangible" o algo físico y sólido? Y si moviéramos y creáramos desde ese 99%, ¿qué tan fácil podrían rea-comodarse las moléculas de ese 1% para reflejar lo que queremos?

No sé bien por qué no nos enseñan esto desde niños, pero me emociona vivir en este momento de la vida en la que hablar de todo esto es más normal (gracias a los "locos" del pasado como mi papá, que empezaron a experimentar con ello desde antes para abrirnos camino para estar hoy aquí, escribiendo este libro sin tener que dis-frazarlo).

Entonces, desde mi punto de vista, somos seres infinitos e ili-mitados experimentando esta realidad a través de nuestro cuerpo, que percibe todo lo que hay a nuestro alrededor, y nuestra mente y corazón / emociones, que crean y filtran nuestras experiencias de acuerdo con lo que creen que es seguro o no.

Para mí, como te decía, nuestra esencia es energía y, si me clavo un poco más, puedo decirte que somos energía de la divinidad que todo lo puede crear y transformar, viviendo en esta realidad. ¿Qué es la divinidad para mí? Te recuerdo lo que dije al comienzo: el Univer-so, no desde algo religioso, sino como un ser muchísimo más grande que nosotros, que todo lo sabe, todo lo puede, todo lo crea, vibran-do siempre en amor y prosperidad infinitos, que nos guía y nos sos-tiene y que todo el tiempo está conspirando a nuestro favor para consentirnos y que podamos tener y experimentar lo que queremos, aunque quizá estas palabras se quedan cortas en la descripción.

Por lo tanto, desde mi punto de vista somos amor, abundancia, energía, magia, creación y potencia pura, desde ahí conectamos con todo, no nos resistimos a nada porque sabemos que no tenemos que defendernos de nada ni nadie y somos una versión que se co-necta y vincula con los demás y que siempre busca un crecimiento, contribución y expansión increíble y dinámico para todos.

Te invito a que leas y vivas especialmente este capítulo como cuando eras niño, viéndolo como un experimento y no como algo escrito sobre piedra, para que puedas tomar lo que te funcione y soltar lo que no, pero antes de soltarlo, pregúntate qué te hace sentido a ti, no desde la mente y lo cómodo o lo conocido, sino desde el fondo de tu ser.

Este capítulo, irónicamente, no tiene tantos ejercicios o herramientas porque poco a poco te los he ido poniendo diluidos en los demás capítulos para que pudieras ir probándolos sin poner todas las barreras, por si es que tuvieras alguna resistencia a este tema. Porque creo que cuando nos cae el veinte de que nosotros y lo que nos rodea somos energía, todo cambia porque entonces existen infinitas posibilidades más que las que nuestra mente puede concluir. La energía siempre está en constante cambio para crear diferentes cosas y verlas reflejadas en nuestra realidad.

Ligero y pesado

En mis palabras, nuestra energía viene y es parte de nuestra esencia, pero también es de alguna forma el medio que usa para expresarse, vincularse y crear lo que vemos reflejado como nuestra realidad y, por lo tanto, podemos ir moviendo todas las creencias, todos los puntos de vista y todo lo que no nos permite recibir y crear lo que queremos con más facilidad desde ahí. Cuando comienzas a reconocer que la energía sí es algo que existe y que desde ahí puedes crear tu realidad, empiezas a poder seguir las pistas que te va dando.

¿A qué me refiero con esto? Cuando tú quieres elegir algo, puedes preguntar por las posibilidades que esto que estás eligiendo va a crear para ti. Así, cuando haces esa pregunta y conectas con tu cuerpo y estás presente con él, te darás cuenta de que algo se siente diferente en ti. Cuando algo es verdad para ti, te sientes ligero y expandido, aunque a veces no sea verdad para los demás. Tu realidad no es la misma que la mía. Por lo tanto, lo que es verdad para ti no va a ser verdad para mí, o tal vez no en el mismo porcentaje.

Claro que existen verdades universales para todos, entonces ¿cómo puedes reconocer tus verdades individuales, las que traen ligereza? La verdad es que esto sí toma un poco de tiempo porque hay que conectar mucho para estar presente en y con tu cuerpo, saber leer cómo se va sintiendo y a su vez identificar la energía con amabilidad y facilidad.

La única manera de identificar cómo es tu "ligero" y cómo se siente "pesado" es haciendo el experimento muchas veces para ir practicando.

Empieza a hacerte preguntas que sabes que son completamente verdad para ti y completamente mentira para que puedas ir experimentando cómo se siente cada una en tu propio cuerpo.

Te dejo algunos ejemplos. Respira profundo y relájate sin forzar nada, y pregunta:

- ¿Soy un ser infinito e ilimitado? Probablemente lo que sientas sea ligereza.
- ¿Soy un ser que no tiene vida propia? Probablemente este sea pesado.
- ¿Me llamo (inserta tu nombre aquí)? Percibe cómo se siente tu cuerpo.
- ¿Me llamo (inserta otro nombre aquí que no sea el tuyo)? Más pesado.

Esto es muy importante; para mí ha sido la varita mágica que me ayuda a ir siguiendo la energía.

Si te sirven las descripciones, puedo decirte que aquello que no es verdad para mí se siente como tener cemento en el estómago. Cuando algo es ligero, siento que algo en mí se expande hacia afuera. Así se siente en mi cuerpo, pero puede verse de forma completamente distinta en ti; si puedes destruye todas tus expectativas antes de empezar a jugar con esto.

Con esta herramienta puedes ir leyendo la energía sobre todo en momentos de incertidumbre, y así percibir las posibilidades más expansivas para ti y seguirlas. Igual que la intuición, este superpoder es un músculo que hay que ir fortaleciendo, quizá al principio entrenar a tu cuerpo cuesta trabajo, es como ir al gimnasio e ir haciendo músculo fuera de tu zona de confort. Pero antes de que te des cuenta verás que sí percibes la energía, que sí recibes información. Tu ser infinito e ilimitado tiene ya todas las respuestas, y seguir la energía es seguir tu saber. Hacerlo te da la claridad que estás buscando, muchas veces fuera de ti. Por eso a muchas personas nos sirve muchísimo meditar, porque en ese tiempo estás callando el ruido mental y estás desconectando de todo lo que no es tuyo para volver a conectar contigo, a centrarte.

Si a ti, por ejemplo, meditar no te funciona igual, seguramente tienes alguna actividad que sientes que te hace reconectar contigo, y si no, encuéntrala, porque eso va a ser algo que te ayudará a silenciar tu mente, apagar el juicio y que te veas de una manera mucho más profunda. Por ejemplo, a uno de mis hermanos le sirve jugar golf, a mi mamá le sirve pintar y a mí me sirve escribir, meditar, hacer algo creativo, salir a caminar o bañarme.

Estando en estos espacios de relajación conectas más con tu saber. Por eso, cuando bajas estas sensaciones al cuerpo y descubres tu ligero y pesado, se vuelve más fácil preguntarte si eso que estás eligiendo va a crear más para ti o no. La respuesta *sí* va a ser ese ligero y la respuesta *no* va a ser un pesado. Y cuando hay infinitas posibilidades en un camino para ti, se va a expandir la energía. Vas a sentir esa ligereza, ese crecimiento, esa expansión.

Recuerda que lo que es verdad para ti, el camino que resuene contigo, puede verse muy distinto al de los demás. Cada camino es único y eso también está increíble.

Siempre he conectado con mi familia de una forma muy profunda. Siempre hemos tenido más o menos los mismos puntos de vista y más o menos la misma forma de ver la vida. Pero en el último año mi manera de hacer las cosas junto con mi esposo ha sido por completo distinta, aunque siento que hemos conectado más con nuestro saber y personalmente me he dado mucho más permiso de ir abriendo caminos que antes no hubiera explorado.

No es muy común que nos cuestionemos cosas del camino tradicional, como puede ser, en mi caso, si es mejor meter a mis hijos a una escuela, hacer *homeschool* o tener una educación distinta. Lo que no se ha visto antes en tu familia o comunidad es posible que no sea comprendido fácilmente, pero hay que saber cuándo las opiniones externas funcionan para ti y cuándo no. En este caso puedo recibir el cariño detrás de la opinión y al mismo tiempo reconocer la diferencia de nuestros puntos de vista, todos igual de valiosos para cada uno. Entre más caminos y más formas distintas de vida haya, más nos enriquecemos todos y mayores posibilidades podemos traer al mundo.

Al ir siguiendo la energía te irás dando cuenta de qué cosas que ni siquiera estaban en tu radar ahora están ahí porque se abren muchas más posibilidades de lo que pudiste imaginar. Saber cuál es tu ligero y tu pesado se convierte en una brújula increíble, y al ser congruente contigo, tus elecciones van formando algo mucho más grandioso.

Es muy importante poder reconocer la energía de las cosas como son, sin juicios y sin etiquetas. Poder ver la realidad como es. Algo que me sirve muchísimo es destruir y descrear todos los puntos de vista que tengo en relación con la situación que tengo enfrente. Eso hace que pueda quitar mis conclusiones del camino y verlo de una manera más objetiva. Leer la energía te permite ver las cosas sin puntos de vista que las moldeen, sin juicios, sin engancharte en dramas y en qué van a decir de ti.

Volviendo a la clase de física, seguro te acuerdas de que te dijeron que la energía se transforma; yo jamás pensé que eso literalmente se pudiera usar para cambiar tu realidad, suena como de película, ¿no? Pues como no es algo sólido, se puede realinear.

A través de ejercicios energéticos puedes pedir que las moléculas de una situación giren, cambien y se reacomoden.

Yo me imagino una molécula en frente de mí, porque soy sumamente visual, y me imagino que mi energía la llena de las posibilidades más increíbles para la situación que quiero sobrecrear; después veo cómo entra en mi realidad y cómo al girar va contagiando a las demás y así todas se van reacomodando.

Si eso suena muy loco por ahora, puedes empezar haciendo estas preguntas para mover la energía —úsalas en este orden—: ¿qué es esto?, ¿qué puedo hacer con esto?, ¿hay algo que pueda hacer para cambiarlo? Y si sí, ¿qué? Estas preguntas te sacan de la conclusión y desde ahí le quitas el nombre o etiqueta a la situación y se puede mover más fácil. Por ejemplo, cuando mi bebé llora y no tengo idea de por qué sea, mi mente empieza a buscar respuestas y muchas veces concluye que le duele equis cosa o que tiene equis cosa, entonces uso estas preguntas y se me empiezan a ocurrir cosas que jamás hubiera pensado, como que a lo mejor tenía calor en la noche, le quito el suéter y cambia. Este es un ejemplo muy cotidiano, pero tengo otros milagrosos con estas preguntas.

A veces la información llega en minutos y a veces en semanas o meses, pero cuando te mantienes preguntando también por las infinitas posibilidades: ¿qué más es posible?, ¿qué más puedes crear en ese espacio?, ¿cómo puedes sobrecrear esto?, siempre las cosas se reacomodan de formas sorprendentes. Y entonces desde ahí puedes ir creando algo mucho más grandioso, sin resistir la situación, sino con intención de sobrecrearlo.

Si te fijas, son dos energías muy diferentes. Resistirte a algo y desde ahí querer cambiarlo quiere decir que hay rechazo y juicio en ti, y lo peor es que crea más de lo mismo. Sobrecrear es abrazarlo y pedir algo todavía más grandioso. Hacer estas preguntas te abre a recibir lo que requieras —información, herramientas, ayuda, señales…— y a que todo pueda transformarse.

Muchas veces, cuando estamos en un espacio increíble para nosotros, concluimos que eso es lo más grandioso que se puede crear, y entonces empezamos a aferrarnos y estancarnos por miedo a que eso cambie. Pero ¿qué necesitas para saber que siempre se puede crear algo mucho más grandioso y disfrutar aún más? Siempre, no importa qué tan expandido y pleno te sientas, siempre se puede poner mejor. Así que sí, abraza, agradece y disfruta el presente pero sin aferrarte a él con mucha curiosidad de ir descubriendo cómo se puede poner mejor. Pero esto solo sucede si crees que es posible.

Nuestros puntos de vista crean nuestra realidad. Si tú crees que algo es posible, es posible para ti. Y si tú crees que algo es imposible, es imposible para ti. La única diferencia entre alguien que tiene una gran riqueza y alguien que no la tiene, son sus puntos de vista y su capacidad para recibir y para crear. La única diferencia entre alguien que vive feliz y expandido o alguien que vive contraído y deprimido son sus puntos de vista y su capacidad para recibir.

Yo sé que suena muy raro, pero acuérdate de que todo lo que estás viviendo de alguna u otra forma lo estás creando tú. Tú estás eligiendo cada 10 segundos qué es lo que sí quieres para tu vida.

Puedes elegir conscientemente o no, incluso no moverte o negarte a elegir, también es una elección. Solo tú eres el capitán que dirige el barco, y el Universo entero se está moviendo para respaldarte y darte eso que estás buscando.

¿Qué quiero decir con capacidad para recibir?

CADA QUIEN TIENE LO QUE VA CREANDO Y LO QUE ES CAPAZ DE *recibir y sostener* CON SU *energía*

Entonces, algo que a mí me ha servido muchísimo para poder abrirme a diferentes posibilidades es ir acostumbrando a mi energía a recibir eso que quiero tener en mi realidad.

¿A qué me refiero con esto? Por ejemplo, yo quiero una casa enorme, increíble, calientita y con muchísima luz, donde pueda conectar, crear y disfrutar, mis hijos tengan espacio para jugar, mi esposo pueda trabajar y donde se encuentre todo lo que cada uno de la familia requiere. Lo primero que tengo que hacer es preguntarme si eso es posible hoy para nosotros para poder destruir y descrear todo lo que impida que se actualice.

Ya que elegí eso, ahora es importante ser brutalmente honesta para darme cuenta de si esto es algo que hoy podemos recibir o no. Desde mi punto de vista nuestra casa va a llegar en unos años (punto de vista que podría estar bloqueando mi recibir, pero destruyo y descreo cuando lo observo). Otras preguntas que me hago son: ¿Cuánto dinero necesitaría para crear eso? Si no creo que sea posible generar esa cantidad de dinero con mi trabajo, ¿qué tendría que hacer para que eso suceda?

Para cada quien se verá diferente, por eso es importante estar presentes con lo que se muestra cuando elegimos algo.

Mientras tanto, hace unos meses sí estábamos listos para crear y recibir un departamento que ya habíamos elegido, pero estaba ocupado y teníamos varios puntos de vista bloqueando nuestro recibir. Así que empezamos a destruir y descrearlos y a prender nuestro poder de imán para jalarlo hacia nosotros.

A las pocas semanas ese departamento se desocupó, mucho antes de tiempo, y nosotros hablamos para cambiarnos pero nos dijeron que prácticamente ya estaba rentado y que podríamos ser la tercera opción, si los dos primeros no se quedaban con él.

Entonces empecé a preguntar qué requería ser y hacer para que eso se mostrara en mi realidad con total facilidad. Me llegó la idea de conectar y platicar con el departamento y contarle que somos una familia increíble y que elegimos ser muy felices con y en él y crear algo muy bonito juntos. Le dije: "Estoy segurísima de que si nosotros vivimos aquí, te vamos a dejar bonito, te vamos a llenar de vida y de amor, para hacer un gran equipo juntos y crear algo increíble. Si quieres lo mismo, no te rentes por favor". Seguí jalando la energía del departamento como si activara un imán en mí y todas las moléculas que lo forman vinieran hacia mí y se quedaran en mi campo energético.

Hacer esto con lo que quieres crear hace que tu energía se vaya acostumbrando a la energía de eso que estás creando y que cuando eso llegue, no lo rechaces o no lo puedas recibir, al revés, que lo recibas con total facilidad porque ya es parte de tu energía.

¿Cómo jalas energía? No es algo mental, es, tal cual, algo que tu energía sabe hacer. Es llamar a la energía de lo que estás llamando a ti, instalarla en tu realidad. ¿Te acuerdas de que en la película de *Matrix* instalan los programas en el personaje de lo que puede hacer o crear? Pues esto es algo similar, hay que instalar la frecuencia de lo que quieres en ti. De aquí viene la frase de "Conviértete en la energía de lo que quieres".

¿Qué quiere decir esto? Jala la energía para que tu propia energía se vaya acoplando a esta nueva y se vaya transformando. Energía llama energía. Para activar ese imán que tú tienes requieres conectar con esa energía de lo que quieres, elevar tu frecuencia para que, una vez que llegue, estés abierto a recibir.

Tal vez te gustaría empezar a jugar con estas herramientas y ver lo que pasa. Lo peor que puede pasar es que tu realidad se quede igual y no se transforme. Pero ¿y si empieza a transformarse, expandirse y comienzas a poder crear todo eso que estás buscando en tu realidad con total facilidad?

¿A qué me refiero con total facilidad? Como te decía al principio, no es que todo vaya a ser fácil o se acomode en tu vida siempre y que no va a haber "dificultades", quiere decir que, aunque haya situaciones "no tan fáciles" en tu vida, encontrarás todos los recursos y lo que requieres para sobrecrear esa realidad y hacerla aún más grandiosa.

Entonces sé siempre consciente de esto y siempre pide por algo mucho más grandioso. No cedas, no renuncies, no te frenes y no dudes. Sigue eligiendo todo el tiempo que eso se muestre como tu realidad hasta que aparezca. No te preocupes por cómo va a llegar, porque casi nunca llega de esa forma, mantente eligiendo y deja que el Universo se reacomode para sorprenderte.

Confía

Confía en que el Universo está reacomodando cada una de las moléculas para que eso se muestre como tu realidad. Si dudas, todo se reacomoda para que no llegue a ti y, entonces, en lugar de caminar en línea recta, empiezas a zigzaguear, haciendo que lo que deseas no llegue o que tarde mucho más.

El creador de Access Consciousness siempre dice que no existen cosas que pidas que no se muestren en tu realidad, que lo único que sucede cuando algo no se muestra es que o todavía no se muestra o te diste por vencido antes de que llegara a ti. Darte por vencido es como no elegirlo. Nosotros no controlamos cómo va a llegar eso que estamos buscando, simplemente elegimos qué es lo que queremos, preguntamos qué acciones podemos tomar y el cómo se lo dejamos al Universo.

El cómo llegará es responsabilidad del Universo y de todo nuestro equipo de contribución, que lo único que está buscando es contribuir y conspirar a nuestro favor.

¿Puedes tú materializar algo desde tu sillón? Sí se puede, yo lo he hecho, pero no aplica en todos los casos. Para balancear la parte de la energía con la de accionar y entre las dos crear más rápido hago esto: "Universo, elijo esto como mi realidad. Destruyo y descreo todo lo que impide que llegue a mí con total facilidad". Y después pregunto: "¿Y qué requiero ser y hacer para que eso se actualice con total facilidad?". Siempre hay algún tipo de señal, como: háblale a esta persona, lee este libro, saca una carta... y entonces desde ahí se va modificando y creando esto y actualizando en mi realidad.

Ahora, ¿qué quiere decir la palabra *actualizar*? La usan mucho en Access Consciousness, pero es que es increíble porque justamente cambian el *manifestar* por *actualizar*. Para mí manifestar tiene en español la connotación de *expresar* —muchas veces alguna inconformidad—, mientras que en inglés tiene energía de *crear*.

Desde mi punto de vista *actualizar* tiene una energía completamente distinta, porque en una solo estás expresando lo que quieres. Pero actualizar quiere decir que ya dentro de tu energía está la posibilidad de lo que quieres ver reflejado en tu realidad y simplemente es cuestión de tiempo para que se muestre. Por eso en el capítulo sobre la mente recalcaba lo importante que es cuidar cada una de nuestras palabras, porque lo que estamos diciendo, pensando, hablando constantemente, se vuelve nuestra realidad.

Tal vez has escuchado la frase de que "en donde pones tu energía, es lo que va a crecer en tu realidad". Y es que así es. A lo que le estás dando la mayor parte de tu energía es lo que se seguirá mostrando en tu realidad. Entonces, si tú hoy tienes un problema, la manera de que se solucione no es enfocándote en él, enganchándote en el drama que conlleva o en toda la tragedia que te va a traer y la preocupación que eso implica, tampoco en lo que tendrás que hacer según tus puntos de vista para salir de ahí y toda la energía que usarás para rechazar ese problema.

Cuando tú abrazas esa situación como solo eso, le quitas el juicio de que es un problema, o algo difícil y doloroso; y preguntas constantemente: "¿Qué de esto me funciona?", recibes información —como que te cae el veinte— relacionada con la circunstancia que sí te funciona, que de alguna manera sí te contribuye, aunque sean cosas loquísimas y súper inconscientes.

Al hacer estas preguntas constantemente, sin meter nada más a tu mente, de repente te va a caer el veinte.

Te pongo un ejemplo en mi realidad. Tuve una situación hace poco que no me gustó y me resistí a creer que eso era algo que yo estaba creando. Lo que pasaba era que involucraba a otra persona y a sus elecciones porque cada uno de nosotros tiene libre albedrío para crear lo que queramos. Se trataba de una persona muy, muy cercana a mí que estaba eligiendo algo que me estaba costando mucho trabajo gestionar emocionalmente y yo quería controlar el resultado. Todo esto me estaba haciendo cuestionarme si yo y lo que hacía era suficiente. Sentía un peso enorme en los hombros porque creía que tenía que resolverlo y que al no hacerlo no podía aportar.

Entonces empecé primero por ahí, no por rechazar la situación, y elegí abrazarla, verla como era, dejar de verla como un problema y recibirla como un regalo. Empecé a preguntar muchas, muchas, muchas veces: "¿Qué de esto me funciona?".

Tardó un poco en llegar la información, pero empecé a captar muy inconscientemente que en mí había miedo y que había entrado en modo víctima porque sentía que ya no podía más, pero no sabía cómo pedir ayuda. Pero sobre todo me di cuenta de que esta situación me estaba haciendo sentir mucho más cercana a mi papá y súper apoyada y contenida. Además me percaté de que me estaba haciendo abrazar y usar la capacidad mágica que siempre he sabido que tengo para transformar situaciones.

Todo esto fue inconsciente, porque si lo confieso, estoy siendo muy abierta y vulnerable, pero en realidad no hubiera sido la forma o una situación que conscientemente elegiría para recibir estos regalos. Sin embargo, en el momento en el que me hice consciente de todo esto, pude elegir esas cosas, vincularme con mi familia, sentirme más cercana a mi papá, sentir el apoyo de todos mis seres queridos y del Universo, encontrar diferentes posibilidades, prender mi magia al máximo, ser un imán para lo que sí quiero. Me dio fuerza y potencia pero eligiendo seguir creando las cosas que me funcionaron conscientemente desde otro tipo de situaciones y destruyendo y descreando todo lo que no me contribuye.

Eso hizo que me desvinculara energéticamente, no de la persona, sino del drama y trauma de la situación y que pudiera ver las infinitas posibilidades que sí estaban presentes ahí. Me ayudó a ver el regalo tan grande que ha sido en mi realidad y abrazarla de una forma distinta. Ahora estoy abrazando lo que es, siendo consciente y preguntando por posibilidades más grandiosas, y al yo ser este espacio de congruencia conmigo misma, estoy invitando a esta persona a elegir también dar un salto cuántico y sobrecrear la realidad, obvio desde mis puntos de vista, porque ella puede estar eligiendo lo más grandioso para sí y yo no saber que el camino que se está mostrando es así.

Hace poco estaba escuchando unos audios de un señor que se llama Kevin Trudeau, que estuvo en una sociedad secreta y decía que, en ese tipo de agrupaciones que son las que están en el poder casi siempre, ellos tienen todo el conocimiento para actualizar o materializar constantemente lo que quieren.

Él decía que un día le habló un amigo y que le contó que lo estaban demandando, que sus abogados le habían dicho que tenía las cuentas congeladas y que el dinero que él necesitaba en ese momento no lo iba a poder recuperar. Incluso si lo lograba, no lo tendría sino hasta dentro de un año. Le dijo que, aunque no era algo que le sonara divertido, tenía muchísima curiosidad de cómo el Universo lo iba a resolver para él y que mientras tanto se iría de vacaciones, a divertirse y a relajarse sin dejar de confiar en el Universo para hacer que eso que quería llegara a su realidad. Sabía que si le daba espacio a la expansión y relajación, el problema se iba a resolver. No lo hizo desde evadir, sino desde no engancharse y con la intención de pedir más de lo que él quería.

Hizo lo que le traía ligereza. Su energía estaba llamando a más energía de lo mismo. Por lo tanto, al convertirse en la energía de relajación, creó más de esta, más soluciones y más dinero. Lo sé, al principio suena loquísimo, pero cuando te abres a estas posibilidades, te juro que la magia empieza a aparecer.

Todo en este mundo tiene energía, absolutamente todo. Las cosas, los lugares, las situaciones... entonces te puedes vincular energéticamente con todo, le puedes preguntar al Universo, todo te puede contribuir, todo te puede ayudar a crear una vida mucho más grandiosa.

Literalmente la energía no sabe dónde acaba tu brazo y dónde empieza la otra persona y no sabe dónde acabas tú y dónde empieza la mesa. Esos límites los ponemos nosotros en el mundo físico. En el mundo energético no hay límites, no hay fronteras. Las fronteras las pusimos nosotros, los idiomas, las separaciones.

Pero con la energía todo está conectado y unido a lo demás. Aunque no puedes verla, sabes que está ahí, como la señal de wifi en tu casa a la que te conectas cuando quieres para acceder a la información. Así es la energía, el Universo, los ángeles, así puedes comunicarte con todos.

Si tú te conectas a una frecuencia esta llega a ti y la ves reflejada en tu realidad. Lo único que requieres es prender tu antena para captar la señal de lo que quieres, por ejemplo, la energía y frecuencia de la abundancia o de la salud. Y ¿cómo la prendes? Haciendo algo en tu día que te conecte con eso, como hacer ejercicio.

Mientras más conectado estés contigo, mientras más espacios tengas de relajación, más fácil es conectar con la energía que quieres y saber qué requieres ser y hacer para que se vea reflejada en todas las áreas de tu vida.

La clave para conectar con lo energético es conectar contigo, y aquí te dejo algunas cosas que a mí me funcionan para lograrlo:

○ **Escribir a mano:** hace que te llegue información con mayor claridad de las respuestas que estás buscando, y que sepas qué se requiere ser y hacer para que lo que buscas pueda mostrarse. Puedes hacerlo con diferentes intenciones:

1) Para soltar todo lo que hay en tu mente y hacer espacio. Cuando lo haces con esa intención puedes "vomitar" tu emoción y revoltura mental para encontrar más claridad. Es una súper técnica para darle voz a tu inconsciente y liberar cualquier peso que estés cargando.

2) Puedes hacer preguntas cómo: Ángeles y guías de la más alta luz y amor incondicional, ¿qué mensajes tienen para mí?, y escribir sin pensar mucho para que puedas recibir información. Al principio puedes sentir que no está pasando nada, pero sigue escribiendo lo que sea que venga a tu mente y de repente te darás cuenta de que cambia un poco lo que escribes y encuentras mucha información valiosa ahí.

3) Puedes hacerlo para describir la energía de lo que estás llamando, por ejemplo, cómo te quieres sentir ya teniendo la casa que deseas. Acuérdate de hacerlo siempre en positivo y en presente, dando por hecho que eso ya es parte de tu realidad. Esto hace que de alguna manera ese sueño ya esté plasmado en algo físico y que tu mente busque por todas partes pistas de que eso ya es real y se actualice más rápido. Cuando escribes a mano activas muchos más músculos y partes del cerebro que al hacerlo en algún aparato, por lo que requiere más conciencia y presencia y hace que el proceso sea más mágico. Este proceso le da voz no solo a tu inconsciente sino a tu saber y a todo el mundo energético que busca con-

tribuir, y así también plasmas lo intangible en algo físico. Escribir tiene una magia increíble, sirve para desahogarte, crear, sacar cosas o acomodarlas, encontrar soluciones y posibilidades. Es por eso que se ha puesto tan de moda la rutina de *morning pages*, que también es buenísima porque se vuelve un hábito en el que se combinan todas las anteriores; se trata de escribir todas las mañanas tres hojas completas por adelante y por atrás para alinearte y que haya más congruencia en ti.

- **Hacer un *dream board* (*vision board*):** es otra manera muy poderosa de anclar la energía de lo que quieres en tu realidad. En una cartulina o corcho puedes poner imágenes o palabras de las cosas que quieres atraer, pero sobre todo enfocándote en cómo te quieres sentir al ya tenerlas. Te recomiendo poner en el centro imágenes de cosas que ya estén en tu vida, por las que estás agradecido, para indicarle al Universo lo que disfrutas y que te mande más de eso. Partir del agradecimiento lo hace mucho más poderoso. Desde ahí empieza a expandirte hacia las orillas con imágenes claras de lo que estás llamando a tu vida. Cuando lo acabes, ponlo en un lugar en el que lo veas todos los días, pero sobre todo tómate unos minutos cada que lo veas para sentir toda esa energía de lo que quieres en tu cuerpo y que llegue más fácil a tu realidad.

- **Post-its con preguntas o afirmaciones:** yo escribo diferentes preguntas en post-its que pego en el espejo del baño para que, cada vez que me acerque a lavarme los dientes, pueda repetirlas y tener más conciencia de en qué me quiero enfocar. Algunas que te recomiendo y que yo uso son: ¿qué puedo elegir hoy que va a instalar la conciencia y la facilidad como el sistema operativo de mi realidad con total facilidad, gozo y gloria? ¿Qué más es posible y cómo puede mejorar mi vida aún más? ¿Cuánto más me puedo divertir recibiendo todo lo increíble que el Universo tiene para mí?

○ Meditar es otra manera maravillosa para centrarnos a visualizar y para poder poner a nuestra mente tan en sintonía que sienta que ya está viviendo lo que desea. En la caja de herramientas encontrarás una meditación que me gusta realizar.

Parte 3.

Tu mundo exterior es un reflejo del interior

Seguro has escuchado la frase "Como es adentro, es afuera". Por eso quise enfocarme en la primera parte del libro en todo lo que nos forma internamente para poder alinear nuestras creencias, palabras, cuerpo, mente, emociones, esencia y energía para ser congruentes con nosotros mismos y desde ahí poder crear la vida que queremos ver reflejada en nuestro mundo externo.

Nuestro exterior es un reflejo de nuestro mundo y nuestra realidad, y hay tantos mundos como personas. Aunque vivamos con varias personas en la misma casa y tengamos las mismas experiencias, nuestra realidad puede ser completamente distinta a la del otro.

Por ejemplo, mis hermanos y yo crecimos bajo las mismas circunstancias. Podríamos pensar que como tenemos a los mismos
papás vivimos exactamente las mismas experiencias por habitar un
mismo espacio, pero cada uno de nosotros ve e interpreta el mundo
de una forma muy distinta. Cada uno tenemos personalidades muy
diferentes. Y eso es porque cada uno es único y especial, por lo tanto, su energía, su esencia, sus emociones, sus creencias, su mente,
todo lo que cada quien es, se ve reflejado en esa realidad que está
creando constantemente. Estas creaciones de nuestras vibraciones
surgen a través de lo que pensamos, decimos, sentimos, hacemos.

Por ello en los siguientes capítulos te hablaré un poco de tu entorno, de tus relaciones, de tu trabajo y tu misión, del dinero y de tu
capacidad para recibir, porque siento que todas estas cosas son tu
Universo interior reflejado en tu Universo exterior en tu vida.

Tu espacio

Durante muchos, muchos años, yo viví de adentro hacia afuera.
Cuando había algo en mi exterior que no me gustaba, me iba hacia adentro a buscar de dónde venía y cómo lo podía reacomodar.
Y aunque ese sigue siendo mi ideal, el último año que viví fue como un
tsunami emocional, me revolvió, confrontó y movió absolutamente
todo lo que soy para sacarme de mi zona de confort y realinearme.
Llegó un punto en el cual empecé a sentirme abrumada, estancada,
con mucho miedo de avanzar, muy desconectada de mi esencia por
solo estar reaccionando desde la mente y las emociones. Todo lo
que me funcionaba no estaba sirviendo igual en ese momento (un
poco así son las crisis, pero lo increíble es que te empujan a buscar

nuevas formas de hacer las cosas y nuevas herramientas). Tratar de ir hacia adentro y conectar conmigo no estaba siendo muy fácil. Entonces empecé al revés, moviendo las cosas afuera. Obviamente mi casa reflejaba cómo me sentía.

En ese año tuvimos que estar en una "casa temporal" porque por algunas situaciones estábamos lejos de nuestra casa, y por lo tanto sentíamos que no nos hallábamos en ningún lugar, no teníamos ese espacio rico y seguro que te da sentirte en tu hogar.

Entonces empezamos por reorganizar nuestra casa y sacar lo que ya no necesitábamos. Hicimos tres mudanzas en dos meses para acomodarnos y retomar nuestro espacio. Eso hizo que todo en nuestra realidad cambiara por completo. Fue impresionante cómo este cambio de espacios, depurar, organizar y ordenar hizo que también adentro nos sintiéramos completamente distintos, con más espacio para ser nosotros mismos y realinearnos también, con mucha más claridad. Nuestra casa temporal estaba físicamente saturada de cosas y de cajas porque no cabíamos en el espacio en el que estábamos, teníamos el cuento mental de que por "pasar de una casa de dos pisos a un departamento" —aunque en metros fuera una distribución similar— no era suficiente. La realidad era que no podíamos acomodarnos porque ese no se sentía realmente como nuestro espacio.

Sabíamos que era un cambio que teníamos que hacer, pero el momento que nos hizo elegir mudarnos hasta encontrar nuestro espacio fue cuando, unos meses antes, llevamos a uno de nuestros hijos con una doctora que nos dijo que lo que estaba pasando con él era que sus ojitos y su cerebro no estaban logrando interpretar bien dónde estaba con respecto a su entorno. Este había sido un sentir compartido por la familia los últimos meses, pero verlo reflejado físicamente en el cuerpo de nuestro hijo como un síntoma hizo que todo cobrara sentido para mi esposo y para mí, y decidimos movernos activamente hasta encontrar la estabilidad que buscábamos en el lugar que queríamos.

¿Recuerdas la historia sobre el departamento de mis sueños y de cómo hablé con él? Llevaba meses imaginándome qué se sentiría vivir ahí. Cuando entramos supimos que era nuestro espacio, pero ya estaba casi rentado por otras personas y en ese momento me comuniqué energéticamente con él. Tal vez te acuerdes de que en la película de *Avatar* ellos podían conectarse con los animales y árboles que los rodeaban y percibir perfecto lo que sentían, pensaban y les comunicaban. Bueno, pues yo hice lo mismo con este departamento. Solo quedaba confiar en la conexión. En dos días nos avisaron que los otros interesados al final no lo rentarían, así que dos semanas después nos mudamos y nos sentimos por primera vez en casa después de año y medio.

Para hacer los cambios más fáciles les pedí a varios arcángeles, como al Arcángel Nathaniel —el de los cambios—, Miguel —fuerza, valor y protección—, Jofiel —belleza—, Gabriel —niños—, Rafael —sanación—, Metatrón —ayuda a acomodar energía—, que nos ayudaran en el cambio a crear un espacio con solo cosas y energías contributivas para que esta nueva etapa se diera con facilidad y ligereza.

Tu entorno es tu lugar seguro, busca llenarlo de energía que potencialice todo lo que eres y estás creando. Ten la intención de que cada rincón se sienta con paz y armonía y con ella en mente ve reorganizando cada espacio.

Muchas veces cuando pasamos por situaciones difíciles, como que hay partecitas de nuestra energía que se quedan medio dispersas y al anclarte en un espacio, esa energía regresa a ti, por eso es importante que todo en tu casa tenga un lugar asignado al cual regresar y que toda la energía se mantenga en armonía.

Así como en este caso fue más fácil para mí volver a centrarme de afuera hacia adentro, tú también puedes mover la energía de tus espacios para realinear todo lo que eres.

Ten clara tu intención al hacerlo y empieza por las áreas que lo reflejen:

Si estás buscando más descanso, entonces podrías empezar por reacomodar tu cuarto. Si estás buscando más abundancia y más dinero, podrías empezar por ajustar el lugar o el espacio donde trabajas, tu escritorio, tu oficina, un librero, algo que represente para ti el trabajo. Si estás buscando tener más salud, hacer más ejercicio, tener más energía, podrías empezar por asignar un lugar en el que puedas realizarlo, así sea un tapete de yoga.

¿Cómo se siente tu espacio? ¿Qué puedes reacomodar con intención tanto afuera como adentro hoy para generar más armonía?

Trabajo, misión y contribución

Este es un tema que me emociona muchísimo. Los ángeles siempre me dicen que cuando estamos siendo nosotros mismos vibramos en una frecuencia mucho más alta, además de que, por el simple hecho de existir, ya estamos contribuyendo a los demás.

Cuando estamos centrados y vibrando en esa frecuencia nos llegan muchas más ideas de cosas con las que podríamos estar contribuyendo y tenemos muchas ganas de empezar a realizarlas. Cada uno de nosotros tenemos pasiones diferentes, y antes se creía que cuando te dedicabas a algo tenía que ser solo una sola cosa para toda tu vida. En este tiempo somos afortunados de poder dedicarnos a muchas cosas, con mayor libertad de ir creando e ir mezclando diferentes pasiones en nuestros trabajos y emprendimientos, creando así nuestro propio camino. Cada uno de nosotros tiene una mezcla única de talentos y cosas que nos apasionan y estos nos salen muy bien y con total facilidad. Son tan naturales para nosotros que creemos que así de fácil es para todo el mundo. Entonces muchas veces pensamos que esa facilidad como que le quita valor a nuestra contribución y no le vemos el valor tan grande que podría llegar a tener para otras personas.

Si a tus talentos y pasiones le sumas la intención del servicio siempre te va a dar como resultado mucho gozo y expansión. Siempre vas a disfrutar muchísimo esto y, a la hora de que le das la intención del servicio, sientes una felicidad, disfrute y plenitud máxima de contribuir a los demás.

Los ángeles siempre me habían puesto el ejemplo de una tintorería. Puedes abrir una tintorería porque te encanta ese tipo de negocio y porque ves que hay una necesidad en tu zona y que podría ser un gran negocio. Seguro te irá bien porque es algo que disfrutas y hay una necesidad que estás cubriendo. Y cuando tienes la intención de servicio y piensas: "Quiero que las personas no tengan que preocuparse por su ropa, que se dediquen a ser felices sabiendo que las voy a consentir encargándome de esto", entonces estás ayudando a alguien más a que dedique ese tiempo y energía en algo que le ayude a crear lo que quiere en su realidad. Es como una cadena o un círculo virtuoso de disfrute, plenitud, expansión y de sumar puntos a tu misión de vida y la de otros. Y con esto te vuelves un imán mucho más poderoso para atraer a las personas que te están buscando y que ni siquiera saben que lo están haciendo.

El dinero siempre sigue al gozo. Entonces, en esta cadena, el dinero llega con más facilidad porque al estar disfrutando de esa plenitud, vibras también en agradecimiento, por lo tanto, no estás en el juicio y con esa gratitud se abre mucho más tu recibir. Acuérdate siempre de que ser único y especial hace que tu camino también sea único y especial. No juzgues tu contribución, no la compares, no te fijes si se ve parecida o no a la de los demás. No te quedes con las ganas de hacer nada porque te puedes arrepentir más adelante. Nunca es tarde para empezar un nuevo camino. Nunca es tarde para empezar de cero. Nunca es tarde para cambiar de carrera. Nunca es tarde para cambiar de profesión. Nunca es tarde.

Te voy a poner el ejemplo de una de mis hermanas. Ella estudiaba la carrera de Arquitectura y en algún momento se dio cuenta de que dejó de llenarla y de ser algo divertido para ella y que, aunque era muy buena y tenía mucha creatividad y facilidad para hacerlo, no la estaba llenando porque lejos de hacerlo desde la pasión, lo estaba haciendo por llenar algunas expectativas.

Cuando se percató de esto, eligió cambiarse de carrera. Empezó a estudiar Gastronomía y llegó el momento de hacer prácticas profesionales. Se fue primero a Oaxaca y un día, mientras veía el programa *Chef's Table*, descubrió a un chef de Nueva York que hacía lo que ella quería hacer en ese momento. Él es de los mejores chefs a nivel mundial y ella decidió contactarlo, y lo logró. Le contó que estaba haciendo prácticas profesionales, que estaba en México y que le encantaría trabajar con él. Así que él la entrevistó y, al ver su pasión, la invitó a hacer prácticas con él sin pagarle en ese momento.

Mi hermana siempre ha sido una lucesita llena de alegría y gratitud. Chris llegó siendo justo ella y aunque para esa cocina parecía que sus tareas eran pequeñas, ella era la más feliz haciéndolas porque de verdad le apasionaba. Su contribución a esas labores aparentemente insignificantes para otros fue tan grande que, cuando se necesitaron manos, le permitieron suplir a una persona que hacía falta. Después de eso le ofrecieron un trabajo formal. Cumplió su ciclo ahí con felicidad y, cuando llegó el momento de irse, había impactado tanto que el chef le dijo que su cocina estaba abierta para ella y que además podía darle una carta de recomendación y enviarla a donde ella necesitara. Él puso en la carta que, además de su impresionante talento para la cocina, era una enorme contribución porque con ella la gente era feliz y las cosas funcionaban mejor.

Ella decidió no regresar a la universidad y explorar en la práctica. Esa carta le abrió las puertas a las cocinas de los chefs más talentosos del mundo, recibió y aprendió muchísimo y contribuyó siendo ella y con su pasión en todos los lugares en los que con mucha apertura trabajó. Ahora ella y su novio tienen su propio restaurante, superexitoso, en el que se percibe la pasión con la que todo es creado en cada parte de lo que hacen. Mi hermana se abrazó única y especial como es y tuvo el valor y la vulnerabilidad de abrirse al mundo, a las posibilidades, a los lugares que la llamaban. Así como ella lo hizo, quiero invitarte a que tú abras tu propia posibilidad.

El dinero y los clientes siempre van a seguir al gozo y a la diversión y no al revés. Cuando tú te estás divirtiendo, el dinero llega a ti con total naturalidad. Cuando estás estresado y haciendo un trabajo que no es el tuyo y sin sentirte una contribución para los demás, sin sentirte valorado, lejos de atraer dinero, como que lo rechazas porque no estás siendo esa alegría y esa potencia que en realidad eres.

Si rechazas una parte de ti, cierras tu recibir y por lo tanto el dinero no llega a ti con tanta facilidad. Dedícate a algo que te haga sentir expandido y completamente feliz. *¿Qué se necesitaría para que hoy mismo te animes a hacer eso que siempre has soñado o que empieces a planearlo?* De verdad nunca es tarde para empezar a hacer las cosas que amas. ¿Y si es ahora el momento que has estado esperando?

Si ya no te expande el lugar en el que estás hoy, puedes empezar a planear algo diferente. Hoy puedes volver a elegir y empezar a crear algo mucho más grandioso para ti. Te invito a ser un ejemplo de que los sueños se cumplen y seguir la energía cada día, a través de preguntarte qué puedes hacer hoy para que eso se actualice en tu realidad, para saber qué hacer cada día, dónde se requiere tu energía y dónde puedes contribuir más.

Al tomar tu lugar y al contribuir con lo que solo tú puedes, este mundo crece, se llena de posibilidades, de abundancia, de luz, de armonía y de expansión para todos y te vuelves la invitación para que otros puedan seguir creando lo que ellos quieren crear también. Si amas lo que haces ahí es.

Cada camino y emprendimiento tienen su propia esencia y energía que busca a una persona o varias que le ayuden a aterrizar en este mundo. Algo que me ha funcionado muchísimo es hablar con mi emprendimiento como si fuera una persona. Por ejemplo, el mío se llama Descubre tu luz y estoy segura de que Descubre tu luz y toda la información que viaja a través de este proyecto y yo nos encontramos en el momento perfecto para cocrearlo en esta realidad.

Hay personas que tienen marcas similares, pero nadie más puede aterrizarlo en la manera en que yo puedo hacerlo.

Te invito a preguntarte: "¿Qué contribución puedo ser para este mundo? ¿Qué cosas me hacen felices y me hacen sentir expandido? ¿Cómo puedo ayudar o contribuir a anclar la luz en este planeta y a elevar su frecuencia? ¿Cómo me puedo divertir más hoy y qué tanto más puedo recibir?".

De verdad espero que sepas que siendo tú y atreviéndote a hacer las cosas por más miedo que tengas, por más síndrome del impostor que sientas, atreviéndote a hacerlo ayudas a anclar la luz y la expansión en el mundo entero.

Recuerda siempre que si tienes un sueño es porque eso que quieres también te está buscando, y que el Universo busca siempre lo que te hace feliz. Cada vez que das un paso en la dirección de tus sueños, el Universo da mil hacia ti para respaldarte.

Dinero, abundancia y prosperidad: tu capacidad para recibir

¿Y si el dinero fuera solo una energía que busca contribuirnos? ¿Y si solo está aquí para darte más facilidad en tu vida?

Podría escribir un libro entero sobre este tema y todo lo que he transformado alrededor de él en los últimos años. Cuando empecé este camino creí que no estaba bien cobrar por dar guía energética, que ganar dinero estaba peleado con lo espiritual.

Compartir mi luz con el mundo me hizo darme cuenta de que, por el contrario, *entre más personas con conciencia tuvieran medios, más elevada sería la frecuencia del mundo*. Pero además de que entre más nos permitamos recibir dinero por este trabajo de energía y de traer más luz a la tierra, cada vez más personas podemos dedicarnos a esto por más tiempo. Porque de alguna manera sí vivimos en este mundo físico y está bien ganar dinero por los talentos que tú tienes, sea cual sea tu talento, pues el dinero no está peleado con nada.

El dinero no es malo, como todo, son nuestros puntos de vista y creencias los que le ponen etiquetas. Quiero hacerte unas preguntas: ¿qué tanto pones al dinero de pretexto para no crear la vida que eliges? ¿Qué tanto crees que lo mereces? ¿Qué tanto crees que solo trabajando puede llegar a ti? Y desde tu punto de vista, ¿cómo es la gente con dinero? ¿Cómo te ves a ti con dinero? ¿Qué sientes que va a pasar si tienes más dinero del que puedes imaginar? ¿En quién piensas que te puedes convertir si tienes mucho dinero?

Todo lo que estas preguntas te hayan traído, ¿lo podemos destruir, descrear y liberar ahora? Si con alguna de estas preguntas te sientes pesado o con alguna resistencia, te recomiendo estar presente con esto en tu vida, y usar la herramienta de *The Work* de Byron Katie —que puedes encontrar en el link de la caja de herramientas mágicas en el QR al comienzo del libro— para poder transformarla. Si sientes que el dinero está peleado contigo de alguna manera, consciente o inconscientemente, no vas a poder recibirlo ni sostener en tu realidad.

Ahora preguntemos positivamente: Si el dinero no fuera un problema, ¿qué elegirías para tu realidad? ¿Cómo vivirías? ¿Qué harías? ¿En qué trabajarías? ¿Qué elegirías? ¿Qué crearías para ti? Porque créeme, el problema no es el dinero, sino nuestra capacidad para recibir. Vivimos en un mundo en el que tenemos necesidades que cubrir a través de él, y liberarnos de la culpa y de nuestras creencias puede ayudarnos a bajar o tirar las barreras para poder recibir.

¿Qué tan abierto estás a recibir? Y ¿qué tan acostumbrado estás a recibir? ¿Cómo te hace sentir?

En nuestra sociedad está mucho mejor visto dar que recibir, y aunque sí, dar es increíble y trae una satisfacción enorme al corazón, también es importante aprender a recibir para mantener el ciclo positivo y balanceado, porque si das pero no recibes te vas vaciando y gran parte de poder dar viene de poder recibir. Si el ciclo se mantiene positivo, se exponencia y se multiplica lo bueno para todos. Si solo das sin recibir, te drena.

Por ejemplo, si alguien te da las gracias por algo que hiciste y tú a esa energía de gratitud le responderes "de nada", cancelas esa energía por completo, para ti y para quien te la estaba dando. En cambio, cuando respondes "con mucho gusto" reconoces, recibes y exponencias esa energía para todos.

La apertura a recibir tiene que serlo para todo: amor, una palabra bonita, un abrazo, un apapacho, un consejo... hasta el juicio. Si nos ponemos barreras en cualquier área, puede que también bloqueemos por completo nuestro recibir de manera inconsciente.

Sé que a nadie le gusta recibir juicios pero cuando tú estás en tu centro y alineado contigo, aunque estés abierto a recibirlo, no pasa nada porque están en frecuencias diferentes, por lo tanto no te afecta.

Si te sientes más cómodo al abrirte a recibir también puedes pedirles a tus ángeles que toda la energía que llegue a ti se transforme antes de entrar en energía que sí te contribuya. Como si tuvieras una burbujita energética a tu alrededor que hace que todo lo que toca se transforme.

Tips para estar abierto a recibir

○ Mantente muy presente y te darás cuenta de cuántas veces de alguna u otra forma cierras tu recibir en el día a día, pero al verlo puedes transformarlo conscientemente en lo que sí quieres con cada elección.

○ Sé consciente de cuando estés viviendo desde el juicio, cuando estés en la crítica, en el drama, cuando estés viviendo desde el trauma y la complicación, todo esto bloquea tu recibir. Elige cambiar de canal y toma acción para lograrlo.

○ Cuando pagues algo no pienses que solo estás pagando porque lo vuelves muy pesado, date cuenta de que es solo un ejemplo más del intercambio de dar y recibir. Nota cómo te sientes: ¿expandido?, ¿contraído? Si sientes que el dinero se acabará para ti al pagar, cámbialo por gratitud, por poder hacerlo, y repite en tu interior: "Invierto este dinero con confianza, sabiendo que siempre regresa a mí multiplicado". El dinero se creó originalmente justo como un intercambio, como un agradecimiento por las cosas que estabas recibiendo para darle valor y para expresárselo a la persona que te estaba ofreciendo eso. Las etiquetas que le damos al dinero van haciendo que tengamos mayor o menor soltura con él y, sobre todo, mayor o menor facilidad para recibirlo.

○ Pregúntate cómo le hablas al dinero, cómo lo tratas, qué piensas de él y cómo te relacionas con él. ¿Si el dinero fuera una persona, le gustaría estar cerca de ti? Busca cómo en cada área de tu vida hablar de él de manera positiva, agradeciendo todo lo que puedes crear con mucha más facilidad si está presente.

- Usa el poder de las palabras a tu favor, cambia palabras como *pagar/gastar* que tienen energía densa, por *invertir*, porque todo es una inversión para crear tu vida y la energía es completamente diferente.

- Conecta con la intención detrás de la acción y crea más para tu cuerpo. A veces pensamos que el dinero solo se intercambia por un bien material, pero este flujo va mucho más allá de eso. Si estás dispuesto a pagar el precio de aquel alimento orgánico que aportará a tu salud, estás poniendo una energía específica en dicho intercambio. Si eliges invertir un poco más en ese vuelo, quizá estés pagando por un descanso apropiado para tu cuerpo.

- Mantente en la pregunta: ¿Cuánto eres capaz de sostener? ¿Qué pasaría si hoy amaneces con un millón de pesos en tu cuenta que no estaban ahí ayer? ¿Qué pensarías? ¿Sentirías que mereces ese dinero? Hay un estudio que dice que la gente que se gana la lotería se la gasta por completo en un año, y que la gente que hereda dinero un año después tiene exactamente los mismos problemas y las mismas cantidades de dinero que tenían antes de recibirla. Y eso sucede porque no tienen la capacidad de sostener ese dinero o esa energía en su realidad.

- ¿Cuánto dinero te sientes cómodo recibiendo hoy? Todos tenemos de alguna manera algún techo invisible de lo que sentimos que está bien recibir hoy, y al hacernos conscientes de esto podemos modificarlo cada día un poco más.

A la cantidad con la que te sientas cómodo recibiendo pídele que gire y cambie energéticamente para elevarse un poco más cada día, como un músculo que va creciendo. Puede cambiar pesos o centavos cada día y eso está perfecto.

○ De nada sirve que pidamos al Universo millones de dólares si no estamos realmente abiertos a recibirlos, porque por más que tú estés llamando esa cantidad de dinero a ti, si no estás dispuesto a recibirlo lo estás rechazando al mismo tiempo y por lo tanto estás cancelando esa energía.

El agradecimiento hace realmente magia en nuestra realidad. Cuando estás agradecido por las cosas que tienes y lo que vives amplías tu capacidad para recibir, el Universo entiende que quieres más de eso, que puede darte más y que lo valoras.

La abundancia va mucho más allá del dinero, es la capacidad de maravillarte con todo lo que hay. La abundancia es tu estado natural de ser y te da la capacidad de que te sientas el consentido del Universo, porque en ese estado existen infinitas posibilidades para ti. Es vibrar en armonía, congruencia y sincronía perfecta con tu esencia y la del Universo. Venimos a experimentar esa abundancia también a través del dinero en esta realidad, aunque es solo una partecita de la abundancia.

Recibir dinero para nosotros es tan natural como respirar.

Y así como no puedes bloquear tu respiración, ni tampoco puedes aguantarla durante mucho tiempo porque te asfixias, lo mismo pasa con tu capacidad para recibir, es tan natural como inhalar y es un ciclo en el que también hay que saber exhalar y liberar dando por hecho que ese oxígeno regresará con total naturalidad.

Hay épocas en la vida en las que respiras cortito porque estás estresado y no eres consciente de esto, pero en el momento en el que te empiezas a dar cuenta porque te falta el aire, entonces respiras con más presencia, y amplías tu capacidad de respirar más profundo y así sostener más aire. Este oxígeno le da mucho mayor facilidad a tu cuerpo para funcionar en todos los sentidos. Así también funcionan la abundancia, el dinero y tu capacidad para recibir.

Relaciones

Tal vez has escuchado la idea de que las cinco personas que tienes más cerca de ti influencian mucho tus creencias y cómo ves el mundo. Y aunque en un momento te voy a hablar un poco más a fondo de esto, lo que quiero decirte es que, desde mi punto de vista, *la relación más importante que tienes en el mundo y en la vida es contigo.* Desde que naces hasta que mueres. La única relación que persiste es la tuya.

Entre más logres abrazarte y quererte como eres y entender que así, tal cual eres, eres perfecto con todo lo que te puede gustar o puede no encantarte, que eres perfecto para lo que vienes a aprender y contribuir, porque así lo elegiste desde antes de venir, más se transforman todas tus relaciones. Tu relación contigo mismo es la que sienta las bases o la que les enseña a los demás cómo tratarte y cómo relacionarse contigo.

Por alguna razón sentimos que ser nuestro propio juez y el más duro hace que podamos sobresalir o que podamos superarnos. Pero he descubierto que si eres una persona que se ama, se cuida, se respeta y se habla bonito, las demás personas procurarán el mismo trato contigo, porque *como es adentro, es afuera.*

EJERCICIO: CÓMO RELACIONARSE MEJOR CON UNO MISMO

1)

- Visualiza a la persona que más quieres frente a ti, sé consciente de todo el amor que sientes por ella. Ahora hazlo más y más grande, lo más grande que puedas.

- Ya que las sensaciones e imágenes son claras, cambia a esta persona e imagina que te observas a ti con ese mismo amor infinito.

- Haz este ejercicio hasta que logres sentirte por ti como por esa persona.

2)

- Ten un cuaderno especial de agradecimientos.

- Colócalo sobre tu mesa de noche de forma que cuando lo veas recuerdes hacer este ejercicio.

- Cada noche agradece y escribe:
  - Cinco cosas que te gustaron del día.
  - Cinco elecciones conscientes que hiciste.
  - Cinco cosas positivas sobre ti.

Este ejercicio puede costar al principio, pero después de un tiempo se va haciendo más sencillo por-

> que comenzarás a reconocer lo positivo en ti, lo que hay en tu vida y con ello elegir con firmeza lo que deseas crear para ti.

De adentro hacia afuera

Una vez que alineaste lo de adentro, tus relaciones empiezan a reflejarlo, todas se envuelven en armonía y las que no están disponibles en esa frecuencia comienzan a alejarse poco a poco; hay que estar muy dispuestos a soltar y dejar ir porque todos somos libres. Así como algunos se van, otros nuevos llegan porque tienen tu nueva frecuencia y relaciones más constructivas se crean.

También te vuelves más consciente sobre la clase de dinámicas, actitudes y energías que cultivas en tu día a día.

Si tienes gente a tu alrededor que todo el tiempo se está quejando o para quien todo parecen dificultades, es posible que comiences a sentir que tu vida también se vuelve difícil. Cuando te rodeas de personas que piensan que todo es muy sencillo y que tú puedes hacerlo todo, ellas te contagian de sus creencias y energía y tu mundo comienza a reflejar lo mismo. Esas cinco personas más cercanas a ti moldean tu mundo, es como si hubiera una fusión o sinergia entre ustedes.

En una clase, la facilitadora de conciencia Mariana Fresnedo nos ponía el ejemplo de dos piedras que caen al agua al mismo tiempo. Cada una de ellas empieza a crear olitas alrededor de donde cayó. Cada olita tiene una parte alta y una parte baja. Cuando las olas de las dos piedras se encuentran, solo hay dos opciones: una es que se encuentren estando las dos arriba o las dos abajo y entonces se unan para crear una ola más grande; la otra opción es que una esté arriba y otra abajo y en ese caso, al chocar, la energía de una cancela la otra y las dos desaparecen.

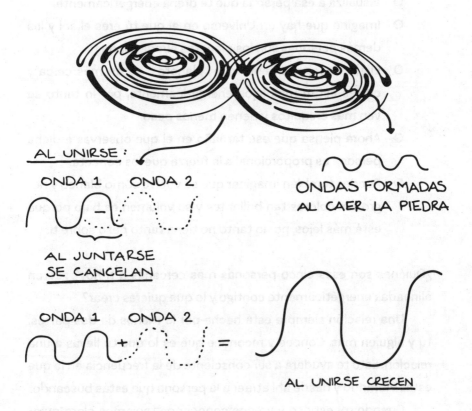

AL UNIRSE :

ONDA 1   ONDA 2

ONDAS FORMADAS
AL CAER LA PIEDRA

AL JUNTARSE
SE CANCELAN

ONDA 1   ONDA 2

AL UNIRSE CRECEN

Por eso es tan importante ser muy conscientes de en qué frecuencia estamos y los demás también, para que nos sumemos y no nos cancelemos mutuamente.

Cuando una persona no vibra en tu misma frecuencia, te cuesta mucho más trabajo crear la vida que quieres, pero la realidad es que hay ciertas relaciones que no se pueden cortar.

Aquí te dejo un tip para esos casos:

○ Visualiza a esa persona que te drena energéticamente.

○ Imagina que hay un Universo en el que tú eres el sol y las demás personas son los planetas alrededor de ti.

○ Elige conscientemente qué "planetas" están más cerca y cuáles están más lejos energéticamente, por lo tanto se ven más chiquitos y tienen menos peso.

○ Ahora piensa que ese tamaño en el que observas a dicha persona es proporcional a la fuerza que los conecta.

○ Puedes también imaginar que se vuelve como blanco y negro, sin colores tan brillantes y su volumen es bajo porque está más lejos, por lo tanto no tiene tanto peso sobre ti.

¿Quiénes son esas cinco personas más cercanas a ti hoy? ¿Están alineadas energéticamente contigo y lo que quieres crear?

Una relación siempre está hecha por lo menos de dos partes: tú y alguien más. Conoce y reconoce qué es lo que tú llevas a una relación. Esto te ayudará a ser consciente de la frecuencia en la que estás vibrando y desde ahí atraer a la persona que estás buscando.

Cuando mi esposo y yo nos conocimos teníamos claro quiénes éramos como individuos y nuestro valor. Ninguno de los dos estaba pretendiendo ser alguien más. Desde el principio supimos quiénes éramos sin máscaras y sin editarnos y permitimos que nuestra relación cambiara en cada etapa, propiciando un flujo de energía increíble.

    ¿Quién eres tú hoy? ¿Qué puedes llevar a una relación? ¿Qué quieres en una relación? Tener estos aspectos claros te ayuda a que tus relaciones siempre puedan abrirse y crearse de un lugar mucho más congruente contigo y la vida que estás creando.

EL MUNDO ENTERO TE
HA ESTADO ESPERANDO
PARA QUE LLEGARAS.

QUEREMOS VERTE BRILLAR.

¿Es ahora
tu momento?

CONCLUSIÓN
LA VIDA ES UNA MONTAÑA RUSA

Si llegaste hasta aquí, gracias, felicidades y aplausos, porque sé que el contenido de este libro pudo confrontarte porque no hay expansión sin el caos y la incomodidad que vienen con salir de la zona de confort, y no todo mundo está dispuesto a atravesarlo, así que felicidades por tu valor.

La vida es como una montaña rusa: a veces estás arriba, a veces abajo, a veces vas de subida y a veces fluyes hacia abajo. Cada etapa tiene su riqueza y regalo si te permites vivirla, disfrutarla y abrazarla, una elección a la vez.

Este es el único plano en el que podemos experimentarlo todo tan intensamente, pues cada etapa tiene su magia y aprendizajes para abrazarnos en ellas y desde ahí impulsarnos a crear algo tan grandioso como un ave fénix.

Este libro para mí es una cajita de herramientas mágica y especial, llena de cada una de las piezas que he ido encontrando en el rompecabezas de mi vida. Cada una de estas herramientas me ha ayudado a lo largo de mi camino en diferentes etapas. Y por eso hoy te las comparto para que habiten en ti.

Se llama *Descubre tu luz* porque mi intención es que te abraces y conectes contigo tan profundamente que no te quede de otra más que encontrar tu propia luz. Y al hacer eso, que te enamores tan profundo de ti, de tu luz y de lo que vienes a compartir con el mundo, que elijas quitarte todas las capas que la estaban escondiendo y descubrirla, para dejarte brillar con toda tu intensidad, toda tu grandeza y fuerza, y desde ahí invitar a los demás a través de tu ejemplo y energía para hacer lo mismo.

Hoy más que nunca el mundo entero necesita personas plenas y felices, haciendo lo que más resuena con ellas y las hace vibrar; integrando y creyendo en toda esa magia para realmente contribuir con nuestra pieza a la nueva realidad que juntos venimos a crear.

Ya no es momento de limitarse, empequeñecerse, ni de poner pretextos o vivir a medias. Este es un gran espacio para ir más allá, para impulsarte fuerte y alto a brillar. Como dicen los ángeles: "Uno a uno con toda nuestra luz, plenitud y paz, así el mundo entero podemos transformar".

Cada uno de nosotros es un regalo único y especial para lo que podemos crear juntos. Pero cada uno tiene la misión y el poder de descubrir su propia luz y compartirla. Esta información ha llegado a ti por algo, ahora te digo que ese poder de descubrir tu luz reside en tu capacidad de elección. Y si vas un paso más allá, descubres la increíble contribución que eres al mundo.

Te invito a que brillemos con toda nuestra intensidad y a que hagamos de este lugar un mundo más pleno, expandido y feliz.

Conclusión

Si pudieras soñar en grande, sin límites y como cuando eras niño, ¿qué elegirías? Porque ahora ya lo sabes: el Universo entero, tus guías, tus ángeles y tu equipo en la tierra conspiran siempre a tu favor para lograrlo. ¿Qué esperas para ir por él? ¿Quién eres tú y qué grandiosas aventuras te esperan hoy? ¿Qué requieres ser y hacer para que eso se actualice en tu realidad con total facilidad? ¿Cuánto más puedes crear para ti y cuánto más podemos crear juntos para toda la humanidad?

Por algo y para algo estás aquí, no es ninguna casualidad, ni ninguna coincidencia. Gracias. El mundo necesita hoy más que nunca gente como tú que se dedique a hacer lo que le apasione. Gente que vibre alto. Gente que les contribuya a los demás y, sobre todo, que ayude a expandir el gozo y la más alta frecuencia por el mundo entero. La Tierra está buscando a gente que viva en congruencia, alineada y centrada como los seres integrales que somos para desde ahí crear la realidad con más alta frecuencia para ellos y los demás.

El mundo entero te ha estado esperando
para que llegaras en este momento.
Queremos verte brillar.
¿Es ahora tu momento?

Agradecimientos

A Mich por traerme, a Vero por editarme, a David por sus 200, a Andy y César que son el mejor equipo, a Gaby, Mariana y Paola por su creatividad y paciencia y todas las personas que hacen posible que tengas este libro en tus manos.

A cada uno de mis maestros, terapeutas y gente especial que me escucha y comparte su sabiduría conmigo para seguir aprendiendo cada día.

Por la oportunidad de compartir mi camino a través de este libro.

A ti por elegirlo y recibirlo. ☺

Gracias a los angelitos y al Universo que siempre conspiran a mi favor y me llenan de amor y magia.

Descubre tu luz de Nicole Domit
se terminó de imprimir en mayo de 2024
en los talleres de
Litográfica Ingramex, S.A. de C.V.,
Centeno 162-1, Col. Granjas Esmeralda, C.P. 09810,
Ciudad de México.